书山有路勤为径,优质资源伴你行
注册世纪波学院会员,享精品图书增值服务

The Heart of
Laser-Focused Coaching
A Revolutionary Approach to Masterful Coaching

直击核心

通向卓越教练之路的革命性方法

[美] 玛莉安·富兰克林 著
Marion Franklin
钱琳琳 译　侯怡枫 审校

电子工业出版社
Publishing House of Electronics Industry
北京·BEIJING

The Heart of Laser-Focused Coaching: A Revolutionary Approach to Masterful Coaching by Marion Franklin
ISBN: 9781945586224
Copyright © 2019 by Marion Franklin
All Rights Reserved. This translation published under license with Qian Linlin
Simplified Chinese translation edition copyrights © 2024 by Publishing House of Electronics Industry Co., Ltd.

本书中文简体字版经由钱琳琳授权电子工业出版社独家出版发行。未经书面许可，不得以任何方式抄袭、复制或节录本书中的任何内容。

版权贸易合同登记号　图字：01-2023-4041

图书在版编目（CIP）数据

直击核心：通向卓越教练之路的革命性方法 /（美）玛莉安·富兰克林（Marion Franklin）著；钱琳琳译. —北京：电子工业出版社，2024.2
书名原文：The Heart of Laser-Focused Coaching: A Revolutionary Approach to Masterful Coaching
ISBN 978-7-121-47199-5

Ⅰ.①直… Ⅱ.①玛…②钱… Ⅲ.①企业管理—人力资源管理 Ⅳ.①F272.92

中国国家版本馆 CIP 数据核字（2024）第 031264 号

责任编辑：吴亚芬　　特约编辑：王　璐
印　　刷：河北虎彩印刷有限公司
装　　订：河北虎彩印刷有限公司
出版发行：电子工业出版社
　　　　　北京市海淀区万寿路 173 信箱　邮编：100036
开　　本：720×1000　1/16　印张：16　字数：260 千字
版　　次：2024 年 2 月第 1 版
印　　次：2025 年 9 月第 8 次印刷
定　　价：98.00 元

凡所购买电子工业出版社图书有缺损问题，请向购买书店调换。若书店售缺，请与本社发行部联系，联系及邮购电话：（010）88254888，88258888。
质量投诉请发邮件至 zlts@phei.com.cn，盗版侵权举报请发邮件至 dbqq@phei.com.cn。
本书咨询联系方式：（010）88254199，sjb@phei.com.cn。

推荐序一

聚焦关键的艺术

叶世夫

ICF MCC

《教练的修为》作者

从事教练工作多年，我一直有一个遗憾：国内的教练行业经过近 20 年的发展，虽然仍处于摸索阶段，但在很多教练的努力下，已经积累了不少的实践经验，教练行业也在蓬勃发展，可是关于教练技术的基础理论研究和经验总结的中文书籍凤毛麟角，可参考的书籍也不多。而国际上关于教练技术理论与实践的书籍十分丰富，《直击核心》就是其中一本基于教练实践的优秀且实用的书籍。本书中文版的出版，为国内的教练从业人员提供了很珍贵的教练实践参考。

当我翻阅这本书的时候，我感觉自己在和一位实践经验非常丰富的 MCC 教练对话。全书的每一部分都是如此深刻和实用。书中的很多观点和例子对我来说是极具共鸣的。如果不是一位实战经验丰富的教练，很难如此精准地描述教练过程中教练和客户的内心状态。这本书中既有清晰的教练能力理论描述，也有众多真实的案例举证，生动地描述了教练效果达成的关键所在，简单而实用，是难得的教练实践经验之作。我能感受到书中的每一章都是作者教练实践的经验分享。

作为教练技术的践行者，我体验过这本书中提到的很多挑战和问题。对于如何关注人而非事、如何达到深度倾听、如何保持中立的教练状态、如何捕捉教练的关键时刻以唤醒客户的内在觉察等问题，我曾经在实践过程中反复地琢磨，偶尔有所悟，但常常不得其解。当我阅读这本书的时候，感觉作者对这些问题有着独特的见解，我很受启发。

在培训职业教练的课堂上，我常常引用这本书中的两个问题：当客户在讲述他的故事时，教练应该问自己："他们为什么要告诉我这些？""是什么让这个问题对这个客户而言是个问题？"教练好奇的方向决定了教练对话的方向，这与深度倾听有关。作者在这本书中就深度倾听和保持教练状态的教练能力进行了详细的描述，具体而清晰。

关于在教练过程中教练如何才能关注人而非事，这本书进行了很好的经验总结，而且贯穿始终。这也是这本书让我非常欣赏的地方。我很认同书中提到的"你在客户的开场故事结束后提出的第一个问题可能是整场对话中最重要的问题"。大部分教练常常被卷入客户的故事和事情中，使教练过程异常艰难。作者认为，当客户描述他的情况时，他正在向教练传达某种信念，最有影响力的教练会迅速超越故事本身，深入主题当中。这本书举了大量的例子来说明教练如何通过客户的表面主题来探达其真实的内在世界，这些都是教练工作中非常实用的理念和能力。

当教练实践经验足够多后，你会发现在千变万化的教练主题中，有些教练主题是非常相近的。而在这些主题中，客户的内在世界和突破的关键点有很多相似之处。例如，两难的抉择问题、内心的纠结问题、自尊与自信问题等，都是常见的教练主题。作者以自己多年的教练经验为基础，总结了大量聚焦客户内在世界的教练方向和方法，阐述了客户在不同状态下需要的支持与挑战方向。这对于教练如何更加精准地理解各种主题下的核心问题以达到教练效果有很好的参考作用。这些总结可以帮助教练迅速聚焦教练对话的核心，唤醒客户的觉察。

我一直认为教练是一门科学和艺术相结合的学问，需要教练从业者既有系统的理论基础，又有较强的人性理解能力。玛莉安在这本书中以直击核心的教练理论结合实践经验，把科学和艺术很好地结合在一起，清晰地阐述了教练实践中有效对话的关键因素。这对从事教练工作、学习教练技术及期待运用教练技术促进个人与团队成长的人来说，是很好的参考书籍。感恩能与作者在文字上相遇。

推荐序二

核心的力与美

吴雁燕

说起来,从教练伙伴 Lucy 把国际教练联合会资深大师级教练玛莉安的代表作《直击核心》英文版在香港变幻莫测的台风季寄出,到我在上海误以为收到诈骗信息,到一再被提醒,然后完成物流公司的特定手续和最终拿到书,其间经历了一些小波折。

回头一想,遇上或大或小的波折、走了这样或那样的弯路,正好与绝大部分教练在教练学习与实践过程中的经历类似。

寻找有力的指引

在教练过程中,我日益感到,如果有一本书能够从教练的道与术两个方面提供新颖的、突破性的、广泛通用的、具有实操性且容易上手的洞察与指引,将有力地支持教练们更精准和更高效地学习、反思、成长与实践,有力地支持教练们为客户提供全方位的、优质的和高价值的服务,甚至进而有力地支持教练行业更加健康和敏捷地发展。同时,人们也会相应地减少教练过程中的波折和弯路,以及伴随着波折和弯路给教练和客户带来的无力感、困惑甚至挫败感。

这本书的书名、副书名和封面设计都让我眼前一亮并精神振奋:这就是一本所有的教练都需要的有力的教练书。

作为一名理工科背景的高管教练,我读书都是从目录部分所展现的整体结构开始的,并不断在阅读中回翻目录以定位当前内容所处的位置。从初读这本书的目录,到时时从正文内容中抬头起来回翻目录,再到沉浸在内容阅读和思考中,在整个过程中，我发现自己更愿意首先用"美"而不是"有力"来形容这本书。

结构之美：从起承转合到余音绕梁

这本书的结构非常简单和清晰，分为 6 个部分。第 1～4 部分共 11 章，是这本书的主体，分别介绍了精湛的直击核心的教练对话的基石性方法，教练对话的开端、中段和结尾，这令我联系到"起、承、转、合"这个中国古诗文中常用的四段式文体结构，让我在阅读和实践书中某个具体的理念和方法时，特别有一种在整个旅程中所处序位的结构感，以及由此带来的踏实感与笃定感。

第 5～6 部分则如余音绕梁般提供了很多进阶的教练技巧和方法，如对很多教练而言很难做到位或突破的直接沟通和隐喻法。展卷到这个部分，我有一种大珠小珠落玉盘之清音脆响、久久萦绕心头的感觉。尤其在读到直接沟通的核心之道就是保持头脑和心灵的清明时，我更加感受到前面 4 个部分所散发出来的余韵与心灵清明碰撞之后的婉转缭绕及由此带来的无限可能。

举重若轻之美：从积淀之厚重到萃取之轻盈

在 2019 年这本书的英文版面世之时，玛莉安已经从事教练事业达 25 年之久，而推动她踏入教练行业的是一段穿越人生低谷的生命转型经历。经过 25 年深入持久的、全球范围内的大量教练学习、实践和教学，被尊称为"教练的教练"的玛莉安将她鲜活生动、独具特色和具有突破性的教练经历、方法与风格厚积薄发般转化成了这本书。

有人说，人生虽长亦短，从懵懂的少年到成为家庭和职场的中流砥柱，再到沉静的暮年，大致可以将人生划分为 4 个 25 年。玛莉安在生命力最旺盛的阶段，专精于教练事业 25 年之久，其在这本书中展现给广大读者的内容毫无疑问是厚重的、深邃的、深沉的。

同时，作者在这本书中所传授的教练理念、思维方式与工具方法不同于常见的、传统的教练方法，而是更深刻和可持续的蜕变式的教练方法。她的方法恰如这本书的书名，直击问题的核心、直击解决方案的核心，直击客户信念与心智模式转化的核心。在直击核心与本质之后，教练支持客户达成的将是可见、可感、可长期持续的成果、转变与影响。

更令人惊喜的是，这本书所传授的核心教练理念与方法极其简单、易用、实用和轻巧，不仅可以让教练即学即用，显著提升自己的教练功力和效果，而且可以引领教练轻松地绕开自己和同行常常掉入的教练陷阱。

下面请容我列举这本书的几个特别之处，以说明其直击核心之稳、准、狠，以及其方式方法之简单、轻盈。

第一，每章开篇都引用了一段名人名言，以浓缩的形式映射了该章的精髓。这种方式不仅展现了玛莉安本人高超的隐喻能力，而且令我立刻抓住了各章的核心要义，进而有助于我迅速判断各章的内容对我个人的教练成长的重要性和优先级。

第二，在第 2 部分，第 6 章的标题"不要轻易相信客户"因其"反"教练常规而抓人眼球。客户不会故意撒谎，但其无意识地带上的各种滤镜导致其常常混淆了什么是客观事实，什么是主观看法。玛莉安向大家介绍了一个不是单纯地相信和跟随客户，而是带领他们区分真相与看法的方法，那就是很容易理解和操作的"直升机视角"。这种方法有点类似我与他人合著的《成就卓越》一书中所介绍的"舞池与阳台"方法，有利于教练和客户共同从抽离的、"高空"的、全面完整的视角重新周全地审视主题、关系和趋势等。

第三，在第 2 部分的第 8 章，玛莉安将客户形形色色的故事、细节和主题提炼成了 4 类、22 个主题，并一针见血地指出自尊不足是所有主题的底层原因。基于对这 22 个主题的精准识别和应对，并从更深处发展客户的自尊，教练将不会迷失或执着于眼前的一草一木，而是能够轻松地看见全局、识别关键和切入要害。

力与美的融合

读完全书，合上书页，"直击核心"这一书名再次映入我的眼帘。所以，玛莉安怎么给这本书赋予了这样一个充满力量而又巧妙地展示英文"heart"（心、

直击核心：通向卓越教练之路的革命性方法

核心）与"art"（艺术）的名字？这本书中文版的译者 Lucy，一位资深的专业教练，又怎么给这本书起了一个如此直接、精练和令我感到惊艳的书名？

大约玛莉安和 Lucy 的意图在于解开客户和市场对教练的误解，即所谓教练是间接的、温柔的、形而上的、缓慢耗时的。又大约，她们意图树立自身鲜明的和充满能量的教练风格与品牌。

这时，我想起来自己当年在跟随大师级导师 Leda Turai 从国际教练联合会的专业教练晋级到大师级教练时，问她的一个问题：大师级教练与专业教练最大的区别是什么？Leda 的回答令我铭记至今：大师级教练是轻松不费力且优雅精致的专业教练。

所以，玛莉安和 Lucy 的意图又可能在于，通过学习和实践这套经过玛莉安这位大师级教练及其遍布全球的学生教练的长期实践检验和迭代的直击核心的教练方法——融合了教练之术的锐利和穿透性与教练之道的精深和柔美性的直击核心的教练方法，无论是刚入门的新手教练还是浸淫教练行业多年的资深教练，无论是生命教练还是企业教练，都可以从中迅速且深刻地受益，并将这种受益迅速且深刻地传递到其为客户所创造的价值、客户为自己所处的各种系统所创造的价值之中。

对此，我深感认同和敬重。

吴雁燕

国际教练联合会大师级教练、马歇尔·古德史密斯教练流程认证教练

高管教练、高管团队教练、高管教练导师

《成就卓越——领导者的第一本高管教练书》联合作者

Coach Me! Your Personal Board of Directors 联合作者

《战略性变革：领导力致胜》联合作者

2023 年 10 月，上海

推荐序三

穿越迷雾，直达核心

康 平

2008年年底，在金融危机爆发的同时，我也突如其来地遭遇了"中年危机"。我对奔波忙碌的职场生活突然兴趣全无，故此离开职场，希望依靠阅读和旅行把自己"打捞上岸"。其间在澳大利亚旅行时，我偶遇来自美国的国际教练机构 Coach U 的企业高管教练课程，彼时在中国大陆，教练还是一个少有人知的职业。我庆幸自己选择了这门课程，在教练学习和实践中，我的职业倦怠渐渐消除，于2009年年中重返职场，并在我所供职的美国某知名化学品公司中，利用自己人力资源高管的工作优势，大力推广教练文化和教练技术，为我日后从事专职高管教练打下了一定的基础。

由于对教练工作的喜爱及看到教练在助人发展方面的独特优势，我阅读了许多专业教练书籍，并欣喜地发现近年来国际、国内的教练培训机构在中国大陆如雨后春笋般蓬勃发展，我也因此陆续参加了不同教练机构的专业培训，自认为教练水平有了一些长进。

然而，随着教练工作的不断深入和扩展，当面对高管客户在史无前例的变化中因遭遇困顿而表现出的无奈与无助时，坦白地讲，借助以往的培训课程和自己的经验，我很难找到对应的方法，也好奇是否有更有效、实用的教练方法可以帮助客户突破现状。2021年年初，一次偶然的机会，我在网站上看到了玛莉安的这本书，一下子就被书名所吸引，毫不犹豫地买来阅读。第一次的阅读体验是既惊喜又质疑，难道教练工作可以如此"简单"吗？这些底层逻辑和方法虽然很有说服力，但对于企业高管教练也同样适用吗？当我一次次在实践中

直击核心：通向卓越教练之路的革命性方法

应用并在遇到问题时对照这本书中的方法和案例进行复盘分析时，我渐渐理解了何为"大道至简"。后来，经由本书译者钱琳琳女士的引荐，我参加了玛莉安老师的团体教练辅导。通过在课堂上和实际工作中一次次践行这本书中的理念和方法，我不由得感叹玛莉安老师的教练功力，也时常被其教练效果如此迅速、有效所折服。

基于对人性的深刻洞察及对近30年的教练实践的思考和总结，玛安莉老师为教练及相关的专业人士提供了一套简洁、深刻且行之有效的方法论，依此而行，教练们可以轻松而高效地开展教练对话，在自然灵动的氛围中帮助客户实现发展目标。

在这本书中，玛莉安老师如庖丁解牛般对客户的心智模式进行了详尽的解剖，书中的22个教练主题囊括了绝大部分的教练难题，在充满未知的教练对话航程中为教练提供了灯塔，使其在迷思中坚定地与客户并肩前行。

运用这本书中的方法，你可以充分调动自己的同理心和高度临在感，在合适的时刻做出自然的干预：一个令人感到不适的漫长的沉默，可以唤起客户深深的觉察和反思；一个看起来不经意的回应，却如潜水艇般直达客户内心，使客户看见自己内在的模式或渴望；一个貌似简单的问题，却如电击火石般穿透客户的大脑，使其有灵光乍现的顿悟……王阳明在《传习录》中说道"人之本体，常常是寂然不动，常常是感而遂通的。"玛莉安老师一定也深谙此道，并总结出了可以践行的规律和技巧，依此而行的教练们可以在人性的底层与客户产生深刻的连接，从而激发客户的最大潜能，因而在帮助客户发展自我的同时，教练也实现了的自身价值。

另外，玛莉安老师在这本书中特别提醒教练"不要轻易相信客户"，她教导教练如何去伪存真，不陷入客户的故事，而以好奇心从直升机的视角来看待客户，帮助客户从具体的故事中跳脱出来，看到并超越当下的自己，并相信自己有能力解决问题。当客户回望自己带来的主题时，会顿感清晰、通透，许多类似的问题都会迎刃而解，客户也会对自己更有信心。

基于保护读者新鲜的阅读体验的考虑，我克制住自己"剧透"的冲动，邀请亲爱的读者亲自潜心阅读此书,并不断研习、实践书中的理念、方法和技巧。"知是行之始,行是知之成。"只有知行合一,才能真正创造价值。相信这本书一定会帮助各位读者朋友在教练及助人的工作中更上一层楼。

康平

独立高管教练,创新领导力中心领导力教练

推荐序四

一段蜕变的旅程

张琳敏（Michelle Zhang）

得知自己获邀为《直击核心》一书写推荐序，我深感荣幸。感谢 Lucy 的努力，让这本殿堂级的教练书籍得以付梓，给广大读者打开教练的新大门。这本书让我化茧为蝶，不仅让我实现了自己的蜕变，也让我坚定地将其实践在支持客户的转变上。

今年是我进入咨询行业成为一位自由顾问的第十个年头，学习《直击核心》成为我再一次蜕变的推手和见证。它让我想在个人成长、领导力发展领域深耕的决心日益坚定。2018 年，我的职业发展进入了瓶颈期，传统的培训和咨询方式难以支持客户实现持续的、真实的转变。当时，引导（Facilitation）和教练一齐出现在我眼前，经过多番调研并结合自己的兴趣，我选择了引导。引导无疑是触动和推动变革的一个非常有效的群体方法，而从过去上百个为企业服务的案例中我发现，要想持续夯实变革的影响和支持领导力的可持续发展，教练必不可少。我终于明白了为什么"引导和教练是企业变革的左膀右臂"这一说法。当 Lucy 为我打开这扇门的时候，我跨过门槛，看到了一个五彩斑斓的世界。

就这样，我有幸成为第二个跟玛莉安·富兰克林学习直击核心的教练方法的华人。在正式上课之前，我仔细阅读了《直击核心》，一边读一边惊喜不断。从此之后，它成为我在实践直击核心的教练方法时反复翻阅的"圣经"，每次阅读都会让我有新发现。这本书中有无数个系统性的总结和归纳，让我如获至宝。Lucy 在译者序中介绍了这本书的精华，此处不再赘述，这里仅分享我个人获益颇多的几个方面。

首先，不得不提的是这本书中提到的"理解人类行为模式"和 22 个教练主题。

我是擅长故事引导的，在 100 多场故事引导中，我积累了大量的实践经验，故事的底层逻辑和共通性呼之欲出。但我始终未能形成系统性的框架和结构。《直击核心》一书中提及的 22 个教练主题让我豁然开朗。它清晰、系统地把 22 个行为模式的主题归纳为四大类，让我在倾听客户的时候不会被故事的细节困住。主题的归纳让我在每次教练对话一开始就可以快速识别客户的行为模式和其背后的归因。即使有时候客户故事中涉及若干个行为模式的主题，它依然可以支持我聚焦客户的行为模式和思维范式。这无疑提高了我的倾听质量。此外，在教练过程中，通过快速、有效地提问，教练可以支持客户更快地看到他们的模式，而不用反复讲述他们已经知道的事情的细节。

这些教练主题给我最大的帮助是让我在教练对话过程中一直从直升机视角看问题，不对客户故事的细节提问，并时刻提醒我：我教练的对象是人，不是事。

同时，这部分内容也展现了玛莉安·富兰克林老师直击核心的教练方法的人性化。作为该方法的忠实粉丝及实践者，我也是受益者。在玛莉安的一次小组教练指导中，我曾作为案主被她教练过。她非常快速地直击我当时所处卡顿场景的核心，在非常温柔地支持和鼓励我的同时，也让我看到自己的行为模式。这也是我用"蜕变"作为这篇推荐序的名称的原因。我经历了一个否定、疑惑、探索、接纳、和解的过程，并成为直击核心的教练方法的信徒。"教练身而为人"，这段经历让我真实体会到，作为教练，当你有勇气、有谋略（以 22 个教练主题为指南针）、有温度地支持客户看到自己需要改变的思维模式时，很多问题和困惑就会迎刃而解。它比直接帮助客户解决困境要有更深远的意义。

其次，这本书中对教练对话的解构，给了我一个稳坐直升机的"宝座"。

作为新手教练，虽然我有一定的倾听、归纳和看全局的经验，但很多时候难免会对故事的细节感兴趣。这本书对一场教练对话的开端、中间和结尾的解构，给了我一个极佳的视角来总览一场完整的教练对话。

让我觉得惊艳的是教练对话的开始。用玛莉安的话来说，"教练跟客户的信任关系的开始并不在于我们如何跟客户拉家常，而在于我们对客户故事的回放要能让客户真实感觉到自己被听到、被理解了，那一瞬间是建立信任的关键"。这颠覆了我的观念，也成为我初期实践直击核心的教练方法时最不习惯的细节。经过了较长时间的实践，我才真正做到不以拉家常式的方式开场，而是珍惜客户宝贵的精力和能量，快速打开一场对话的空间，聚焦于客户在对话中的第一句话。让我受益的几点有：①倾听客户在对话中的第一句话，这是客户最关心的；②这本书提到了两个关键问题："他们为什么要告诉我这些？""是什么让这个问题对这个客户而言是个问题？"它们是让我带着意图倾听和支持客户的指南针；③这本书告诉我要聚焦在客户故事结束后的第一次提问和教练合约上，这让我不仅能保持中立，还能从直升机视角看到客户故事的全貌；④即使在教练对话过程中合约有变化，初始故事也是一个极好的起点，供教练之后与客户进行确认，让整场对话形成一个闭环。

这个框架能够很好地指引教练对话，而不是一个公式化的指导，它将帮助新手教练创建一个很好的结构化思维，从而不陷于故事细节中。

最后，围绕"什么"展开提问。

这本书第 5 章"提问的艺术"让我受到了很大的启发。比较幸运的是，我拥有扎实的提问基础，这来自我的引导经验。当我切换到教练的身份时，围绕"什么"展开提问让我适应了一段时间。这让我发现自己之前的一些工作习惯在新的应用场景中会成为障碍。例如，在团体引导的对话中，因为要展现某件事的全貌，引导师会像做拼图一样尽可能提问，从而呈现事情的原貌，激发群体在对话中更多地相互理解和厘清意图。我的"多说一点""还有什么"等习惯在时间有限的教练对话中就会显得很鸡肋。正如这本书中所说，客户对自己刚刚说过的话、对自己所经历的事情的所有细节是最清楚的，教练提这些问题无益于客户的转变。而围绕"什么"展开提问会打开客户的好奇之门，让客户有机会做探索。而在一些细节的提问上，"什么"会显得更友善且容易回答。例如，提问"为什么"有时像在质疑客户，而将其转化为"是什么原因"，客户就容易回答得多，也会更愿意参与对话。

经历了一段时间的刻意练习，我终于走出了提问的泥沼，在既能表达好奇又能提出有力量的问题上，基于《直击核心》的指导，我的能力又上了一层楼，这让我欣喜若狂。

受篇幅所限，我仅向大家分享了自己的一些学习和收获。希望我打开的这扇门可以为广大读者开启一场探索之旅。教练是一个值得长期耕耘和不断精进的领域，相信玛莉安的这本书在 Lucy 的精心翻译之下可以为大家打开好奇之门。这本书不仅是给教练从业者的一份礼物，对在不同领域做着支持他人的工作的实践者来说，它也是一本宝典。它提供了一个可以深潜的通道，让读者通过一个更大的图景来了解人的共性和特性。生而为人，每个人都有积极向善的努力和坚持。

感谢玛莉安将她 20 多年的教练经验浓缩在这本书中，感谢 Lucy 将它带给国内的读者。期待更多的同伴加入助人者行业，通过支持个体、群体的蜕变而生成各自稳定的内核，从而应对多变、复杂的外部世界，成为自己想成为的人。

张琳敏

领导力教练、生活教练

国际引导者协会认证专业引导者（IAF-CPF）

好评如潮

教练是一门需要使用强大的基本技能来帮助客户实现他们所渴望的成功的艺术。玛莉安在她的这本新书中成功捕捉到了这些技能。她从多年经验中总结出来的详细策略和智慧将使新手及有经验的教练受益匪浅。玛莉安是一位有操守的大师级教练。她显然把客户的最大利益放在心上。当你阅读并使用这本书时，你也会拥有这样的心态。

——谢丽尔·理查森（Cheryl Richardson），
《纽约时报》畅销书《为你的生活腾出时间》作者

玛莉安独特的教练方式，加上她持续积累的对人类行为的深刻理解，为我开辟了自我反思的全新维度。我非常欣赏她的简单直接，以及有时恰到好处的幽默。这种独特的融合方式极大地提高了我服务客户的能力。这本书是一个宝库，玛莉安慷慨地把她一生中的宝贵经验浓缩并呈现在其中。

——梁淑妍（Emily Leong），ICF-MCC，EMCC-SP

这是一本我研读次数最多的教练书籍。无论你是一位教练新手，还是在教练领域拥有丰富经验的资深教练，我相信你都可以从这本书中获益。从这本书中，我不仅学到了关于教练核心的智慧分享，更从字里行间感受到了玛莉安的无私、真实、真诚，以及对教练行业深深的热爱。

——戴钊，PCC，《自我教练：迈向自我实现之路》作者

作为高管教练，我发现玛莉安的教练方法符合常识、简捷干净、善解人意又穿透人心。当我在教练实践中遇到难题时，翻阅这本书总能让我找到方法来更好地帮助客户发现真相，找到力量超越自己。

——康平，PCC，独立高管教练，创新领导力中心领导力教练，
数家跨国企业前资深高管

直击核心：通向卓越教练之路的革命性方法

判断一名医生是否专业有两点：是否彻底治愈，是否快速。教练与此类似。玛莉安就是这样一位精准、快速，能给人带来蜕变和成长的教练。玛莉安的提问犀利又温暖，像针灸——痛，更有直击身心的痛快、轻松。她的临在稳定又自在，就像一棵大树，根深叶茂，但绝不让你成为依附大树的藤。看着她，你会不自觉地像她那样，找到自己的稳定和自在。

玛莉安是怎么做到的？她在这本书中进行了详解，有理论，有实例，支持读者从知道到做到。

——郐阳，PCC，个人成长教练，
澳大利亚 Yang Coaching | 阳树成长创始人

几年前接触这本书英文版时，我完全没想过如果早点看完并实践玛莉安分享的丰富的知识和例子，会给我在 ICF 的 PCC 认证过程中带来什么样的自信。这本书的目的在于帮助教练快速成长，避免浪费时间，摆脱自我怀疑的困境。书中介绍的直击核心的教练方法可以让新手教练尽快进入教练思维模式，经验丰富的教练也能从中反思并更新固有的教练技巧。在应用了这本书中的教练主题和工具后，我的教练能力获得了《财富》100 强企业的领导者客户的一致好评。

——Nikitta Chau，PCC，Centric Quest Company 创始人

即使我认为自己是一位经验丰富的教练，这本书仍让我感到惊艳。玛莉安的教练方法让我想起了教练工作的全部意义，以及它的美丽和简单。她在这本书中慷慨地分享了其教练方法背后的所有科学和艺术。玛莉安的直击核心的教练方法让我的教练技能提升到了一个新的水平。无论你处于教练之旅的哪个阶段，也无论你的教练专长是什么，这本书中的方法都会产生同样强大的效果。

——笼桥辉子（Teruko Kagohashi），PCC，高管教练

这本书让我作为一名专业教练感到最大的挑战是，它为我的高管教练实践设定了一个新的标准，并让我重新审视了自己的教练方式。这本书提供了关于

如何针对人而非故事进行教练的引人入胜的见解。玛莉安的直击核心的教练原则牢固地建立在对人性智慧的洞察上。她的教练方法真实、专注且非常人性化。我想这就是直击核心的教练方法如此强大的原因。这本书向新手及资深教练展示了需要真正关注什么以进行高水平的教练。

——瓦辛·奥拉迪多尔切斯特（Vasin Oradidolchest），PCC，高管教练，思维伙伴有限公司合伙人

作为一名拥有 5 年以上实践经验的认证教练，我有幸参加了很多教练课程，并接受过世界各地许多教练的指导，但我仍然购买了玛莉安的书，参加了她的课程，并接受了她为期 1 年的指导。对我来说，她是世界上最好、最具表达力的教练之一。她拥有最好的教练和教学技能。

直击核心的教练方法是通往普遍和基本真理的导航，这通常与问题的根源密切相关。实践之后，我发现自己不再被客户故事所困扰，而是能够直接切入要点。这大大提高了我的教练效率和有效性。

——罗贤宇（HyunWoo Roh），ACC，健康教练（NBC-HWC）

作为一名教练和培训师，玛莉安的生活和专业经历在她书中的每一页都有所体现。她直接易懂的教练方法让即使是卓越的教练也会坐直身子做好笔记。作为一名培训主管和老师，我整合了玛莉安的教练智慧。我的学生们非常喜欢。

在从事了 18 年的教练工作后，我接受了玛莉安的培训和指导。我惊喜地发现，我还有很多可以学习的东西。很快，我的教练水平神奇地得到了提升，我也获得了 MCC 认证。如果没有玛莉安在这本书中提供的实用工具和智慧，我无法达到这一成就。我相信这本书将成为教练界的权威之作。

——梅尔奇·米格利诺（Merei Miglino），MCC

玛莉安始终如一地抓住客户所说内容的"本质"，这一点让我永远难以忘怀。她擅长深入挖掘，倾听客户未曾说出的话语。她不忽视任何信息，善意地

提供直接的反馈，揭示盲点。她慷慨的指导和启发使我获得 PCC 和 MCC 认证，是无价之宝。

——西蒙娜·格赫拉西姆（Simona Gherasim），MCC

这本书中的很多直击核心的教练技巧是其他教练培训课程都没有的。读完这本书，我注意到我的教练水平有了明显的提高。我的客户在认识自己、自己的思维方式及了解为什么会以某种方式行动方面有了更深刻的理解。很明显，这是因为我采用了不同的方式倾听他们，并根据这些认识提出问题。

——斯图·伯曼（Stew Berman），PCC

玛莉安帮助我解决的最大问题之一是如何聚焦我的教练方法——我能够将教练对话的持续时间缩短到 40 分钟以内，从而使对话更加聚焦和有效，客户的转变也更加迅速。这本书中介绍了多个"迷你对话"的概念，这可以帮助客户立即将转变转化为全面的认识和行动。

——爱德华·麦克唐纳（Edward Macdonald），MCC，
Apex Generation Leadership 首席执行官

在申请 MCC 认证时，我发现这本书是一个非常好的资源。这本书提供了将客户故事中的"谁"与"什么"分离的技巧，以便教练能够支持客户展现完整、真实的自己，并揭示他们更深层的真相。

——洛拉·切蒂（Lola Chetti），MCC，
INSEAD 商学院教练与变革咨询硕士

译者序

实现永久的转变

钱琳琳（Lucy Qian）[①]

《直击核心：通向卓越教练之路的革命性方法》终于要和读者见面了。这本书的英文版被国际上许多专业教练喻为"教练的圣经"。自出版以来，它的销量稳步增长，好评如潮。玛莉安·富兰克林的教练理念和方法吸引了越来越多的教练前来学习（其中不乏拥有丰富经验的大师级教练），并且产生了国际影响力。我在2021年年初首次接触这本书时就认真拜读，之后我的书桌上一直放着这本书。每当我在教练对话中遇到挑战，百思不得其解时，只要翻阅这本书，就能发现问题所在，找到前进的方向。

这是一本什么样的书

作为教练，我相信你和我一样致力于以最佳的方式支持你的客户克服障碍和限制性想法，最终帮助他们实现永久的转变。这本书的书名"直击核心"是实现永久转变的核心手段，它指的是聚焦对客户来说最重要的真相，否则你只是为他们提供了一张"创可贴"。这本书具体生动地展示了如何高效地直达问题的核心，而不是被客户的故事或情境所困，具体包括以下内容。

- 如何在教练过程中始终牢记两个关键问题，帮助你关注客户本身而非故事。
- 改变客户思维的有力提问，而非依赖预设的问题清单。
- 直接沟通，不改变信息力度，改变传递方式。
- 理解人类行为模式，通过22个教练主题来引领你的提问。

[①] 国际教练联合会（International Coach Federation，ICF）认证的专业教练（PCC）和教练指导，澄心教练有限公司（Clearness Coaching Limited.）创始人。

- 倾听发生转变的前提，寻找对话的杠杆支点。
- 两场完整的直击核心的教练对话，使你了解卓越的教练背后具体的意图和思考。

无论你是新手教练还是身经百战的教练，都能从这本书中受益，迅速提升你的教练技能和状态。

这本书不仅是一本传授技能、技巧的书，还分享了教练应具备的心态和状态。初读以下这段话，让我惊讶不已。

> 大多数人认为教练就是帮助客户。虽然我们确实在帮助客户，但这不是直击核心的教练的目标。我们的角色是照亮客户自己无法看清的东西。通过教练提供的"光照"，客户可以发现他们以前看不到的东西，因此"帮助客户"只是教练过程的副产品。

我当时心想：教练不就是要帮助客户吗？仔细一品，发现句句贴切。确实，当我放下以帮助客户为目标的心态时，我发现自己更轻松了，更专注了，也更能直达对客户来说最重要的内容了。

这是一本让你持续、稳定地提供有意义的教练，从而产生更深层次、更持久的改变的书。

这本书的独特性

实用性

有不少教练，包括我自己，在使用这本书中的方法后一到两周内，就发现自己的教练技能有了提升。当我读到第6章的章名——"不要轻易相信客户"时，几乎要从椅子上摔下来了。作为教练，我一直被告知要信任客户，而"不要轻易相信客户"听上去几乎是反常识的。这句话其实指的是不要把客户对情况的解读当作唯一的真相，而要抱着怀疑的态度去教练。你越是秉持怀疑的态度，就越不会轻易相信客户说的一定是真相，这样你的教练技能就会越精湛。相反，如果你把客户说的都当成事实，那么你就无法帮助客户看见那些阻碍他们前进的想法和信念，教练效果也只是短暂的。当然，这里所说的秉持怀疑的态度并不是说你要表现得不相信客户，而是说你要学会在看法中辨别真相。

玛莉安介绍了一系列实用的方法来帮助教练和客户一起在看法中辨别真相。例如，你的客户抱怨说："现在的年轻员工都爱躺平。"如果你心里想的是"是的，我也见过不少躺平的年轻人"，那么你可能会错过了解客户的真相的机会。而另一名秉持怀疑态度的教练可能会问客户："躺平对你来说意味着什么？"这个简单有力的问题打开了对客户信念的探索之门。每当我带着"不要轻易相信客户"的原则进行教练时，总能发现一些突破口，帮助客户看到更深层的关于他们自己的真相，而不是被他们的故事和处境所困。

这本书第 8 章介绍了玛莉安 28 年教练经验沉淀的"精华中的精华"，即教练对话中反复出现的 22 个主题。这里的主题并不是客户带来的教练主题，而是人类行为模式的主题。尽管每个客户所带来的教练主题都不同，但反复出现的都是他们的行为模式及这些模式背后的驱动因素，这些才是教练应该关注的地方。第 8 章介绍了每个主题的表现形式是什么，为什么会出现这些主题，以及当你注意到这些主题时可以如何进行有效的教练。我非常推荐你在阅读这些主题时也对自己的行为模式进行反思，思考有哪些主题在你的生活中会反复出现。当你拥有应对这些主题的亲身经历时，你将对客户的主题产生更加敏锐的觉察，从而能够更快速、更有针对性地提出下一个问题。

这本书的实用性还体现在丰富的例子上。玛莉安针对每个教练原则与技巧都提供了具体、真实的教练对话案例及她的教练意图和思考。这在众多教练书籍中是极为难得的。就我个人而言，这些例子不仅能帮助我在阅读时更形象地理解直击核心的教练方法，而且在实践它们时，我总能回想起书中的例子，发现这些例子所传递的信息确实在真实的教练对话中反复出现。

普适性

正如玛莉安在前言中所说的，这本书介绍的教练知识、见解、创新技能和技巧对所有教练都有效，无论其经验和专长如何。从两年前开始，我每周都会腾出两小时接受玛莉安的团体教练指导。我们的团体中有来自世界各地的形形色色的教练，如高管教练、生活教练、组织教练、管理者兼内部教练、HR兼内部教练、健康教练、注意力缺陷症教练等。通过实践直击核心的教练方法，他们无一例外地发现此方法是通用的教练方法，能够精湛地提升他们所在领域的教练技能。

普适性的另一个体现是，它推崇不需要借助任何公式或问题清单的自然的教练对话。许多教练培训项目都会提供教练公式或问题清单来帮助新手教练开始进行教练对话。然而这样做的一个副作用是新手教练无法跳出那些公式、框架或清单来真正地与客户同行。技能精湛的教练能够"通过跟随来带领客户"（见第5章）。这指的是在对话的任何时刻都基于客户刚刚分享的内容的核心或要点来提出下一个问题。当你做到这种程度的跟随时，你会发现提问是不费力的、自然而然的，而且你不会因为任何预先的假设而"劫持"对话的议程。如此自然的教练方法让任何细分领域的客户都能够感到与教练时时刻刻的连接和同频。

近年来，随着AI技术的日益成熟，关于AI能否取代教练的争议不断涌现。我想这会令教练对话的自然性显得尤其重要。尽管总会有新的技术来辅助未来的教练工作，一部分教练工作甚至会被取代，但是我相信AI很难取代一个人在对话中时刻跟随你的思绪和感受，并引领你向前迈进的那份体验。如果你持续践行这本书的内容，很可能会和我一样发现，这本书的价值长久而深刻，它会成为你在教练市场中脱颖而出的关键助力。

真实性

真实性是我作为玛莉安的学生和被指导者在与她相处时获得的亲身感受。只要阅读这本书，你就可以从字里行间感受到玛莉安对教练成长与发展无与伦比的热情，以及她毫无保留的分享。在这本书中，你可以看到一位杰出的大师级教练在教练对话中的真实思想；你可以了解每项直击核心的教练技能在真实客户身上的运用体现；你还可以获取玛莉安在28年教练与教学经历中的经验总结,为你的教练之路保驾护航。

一个行业的专家往往并不一定拥有好的教学技能,而玛莉安是为数不多的兼具精湛的教练技术和深厚的教学指导功底的教练。在成为专业教练之前,她曾担任高中教师,教授商科。她科学的教学设计和清晰的教学手段让人们能够快速掌握直击核心的教练方法。作为教练导师,她给出的反馈一语中的,直击核心,且从来不粉饰真实的看法。正是因为她的直接沟通,才让每位被她指导过的教练都成功获得了 ACC、PCC、MCC 认证。

玛莉安的指导同时也是开放和包容的。她从不认为自己的方法就是最佳的方法,也绝不是唯一正确的方法。同样,当她作为导师分享反馈时,她从不执着于自己的看法是对的。

致谢

能够翻译这本国际教练界的著作并将它呈现给广大读者是我莫大的荣幸。

首先要感谢的是原作者玛莉安对我多年来的指导和支持。没有她,我不会像今天这样自信地做一名全职教练。没有她对我的信任和授权,这本书也不会那么快与读者见面。在翻译这本书的过程中,我曾多次向玛莉安提出改进意见以便国内的读者能够更好地理解,她毫无例外地接受了我的全部提议。

感谢电子工业出版社及吴亚芬女士的悉心指导和大力支持,让这本书的翻译和版权引进工作得以顺利进行。

这本书的出版还离不开我的先生侯怡枫的支持。感谢他始终坚信我的品格及我所选择的教练之路。正是他的鼓励让我开始翻译这本书。同时,他对中英文语言的真知灼见对这本书语言的准确性和质量有着很大的影响。

如果没有高管教练康平女士的引荐和支持,这本书不会那么快面世。她不仅向我引荐了出版社,还和我一起针对书名翻译进行头脑风暴。她的鼓励让我更加坚定地走下去。

感谢曾在翻译的不同阶段给予我技术和专业支持的教练们。崔绍莹教练,你对书名的想法和对早期译文的审阅奠定了我翻译这本书的信心。伊琳娜（Irina Filonova）教练、张琳敏教练和邻阳教练，感谢你们持续的鼓励和信任，让这本书的出版更有意义。感谢以下几位教练为这本书撰写的发自肺腑的推荐语：叶世夫、郑振佑、吴雁燕、康平、戴钊、杨敏、梁淑妍、Nikitta Chau、邻阳、笼桥辉子（Teruko Kagohashi）、瓦辛（Vasin Oradidolchest）、罗贤宇（HyunWoo Roh）、洛拉（Lola Chetti）。

还要感谢我的母亲，感谢你始终坚信我的决定。

感谢即将在这本书中相识的各位朋友，感谢大家阅读这本书，希望我们一同进步。

作者序

留下过痕迹的人生才是最好的人生。

要给这个世界留下超越我们自己的东西。

——维奥拉·戴维斯（Viola Davis）

那时，我刚从一段破碎的婚姻中走出来，在不确定中摸索着生活，不知道自己究竟是谁。如果我不再是一名教师，也不再是一个妻子，那我是谁？我报名参加了一系列自我成长工作坊。工作坊的带领者是一名教练。我还记得第一个话题是"身份"。那个工作坊的最后一项任务是重新叙写大家的人生故事，然后在同学面前朗读。

示弱向来不是我的强项，所以和他人分享我的个人情况是一个挑战，而且从某种程度来说，现在仍然是。我依然记得，当我在分享我的故事时，那个一切都发生转变的时刻。我谈到了自己在结束了一段长期的婚姻后，是多么的失望和悲伤。那一刻，我突然意识到，其实我才是那个主动离开这段婚姻的人，因为是我选择关上了沟通的渠道。在那个决定性的时刻，我不再感到自己是一个迷茫、无力和孤独的受害者，而是找到了真正的自己，并开始接纳自己。

当我发现我并不是自己想象中的婚姻里的"天使"时，我在教练的鼓舞下决定为自己的行为、想法和选择负责。当我看到自己的整个世界观和框架，从一个旧的、预先设定好的受害者视角转变为一个新的、我当下能够拥抱的积极视角时，我意识到，我也可以通过教练这一职业来帮助别人改变他们的人生。于是，我开始学习教练。自那以后，我的人生彻底改变了。

经历了自身的蜕变，加上多年的教练教学和指导，我形成了属于自己的独特的叙事风格，我喜欢创造夸张的比喻。我的教练方法的核心不同于那些传统的、浮于表面的教练技巧。它结合了对人类行为的理解，采用蜕变式的方法，为客户带来了长期显著的效果。我的梦想是将我过去28年教练生涯中获得的所有智慧和知识通过本书向你倾囊相授，让你和你的客户（客户也称为"被教练者")从这种独特的方法中受益。

当我意识到,一定有其他教练会像我以前一样在教练对话中感到困顿、不安,或者担心自己没有提供价值时,我写了本书。当我发现了一些非常简单而有力的技巧时,进行教练对话就变得不那么费力了。例如,本书提到的要牢记的两个问题、所有教练对话背后的 22 个主题等。发现这些技巧后,许多恐惧都被一扫而空了。例如,害怕不知道对话要去往哪里,没能为客户提供足够多的价值,等等。

基于我作为高中教师的独特背景,我结合了几十年的教练经验,以及与"教练之父"托马斯·伦纳德的共事经历,在本书中不仅向你展示了直击核心的教练方法看上去、听上去、"摸"上去是什么样的,还介绍了如何通过这种独特的教练方法帮助客户实现永久的人生转变。

我很荣幸能够指导来自世界各地的教练,在许多教练大会上发表演讲,并培训了成百上千名新手教练和经验丰富的教练。在本书中,你会看到我对如何成为一名杰出的教练的最好思考。

尽管你可能已经学到了很多教练知识和方法,但客户是不断成长、不断变化的,这让教练的学习永无止境。我衷心地希望本书能在你的教练之旅中照亮前方的路,激发你的信心和初心。同时,也希望我的亲身经历和经验能够鼓舞你继续深化你的探索之路。

前言

大家称我为"教练的教练"。自 20 世纪 90 年代教练行业诞生以来，我就从事教练工作了。经过 20 多年的教练客户、教授教练、指导教练、在教练活动中发表演说，以及担任教练认证项目考官的实践后，我意识到，是时候写本书来分享我所学到的东西了。

在过去的这些年里，我看到了许多意图良好、富有才智的人在进入教练行业不久后便离开了。离开的原因不是他们无法吸引客户，就是他们无法维持长期的教练关系。到目前为止，我已经在团体指导、个人指导及认证项目中听过数千小时的教练对话了。这使我看到了一些重复的问题。具体来说，是教练会陷入客户故事中，无法直击问题的本质，且过于关注结果。因此，我针对性地设计了一些方法来帮助教练规避这些常见的问题，以使他们能够自信地进行深入的教练对话。

直击核心的教练方法可以提高你协助客户创造深刻转变的能力。本书不是一本关于如何营销你的教练业务、设计你的网站或获取更多客户的书。取而代之的是，本书向你展示了你可能从未听过的概念和信息。即使你是非常有经验的教练，也可以从中获取新的见解和想法，从而使你的教练水平产生有力的、意义深远的蜕变。

本书介绍的教练技能对所有教练都有效，无论其有什么样的经验和专长。我的方法被称为"通用的教练方法"，因为它适用于教练任何人、任何场景。

无论你是一名刚参加完教练培训的学生，一名大师级教练（MCC），一个在工作中运用教练技术的人力资源专业人士、经理、领导者，还是一名教练自学人士，本书中的方法都适用。同样，无论你是一名人生教练、领导力或高管教练、注意力缺陷症教练、健康教练，还是其他任何新兴领域的教练，本书的方法也都适用。如果你把自己称作教练，或者在工作中运用教练技能，本书中的知识、见解、技能和创新技巧都将对你有所帮助。

本书具有以下几个特点。

- 提供了可立即提升你的教练水平的简单方法。
- 阐明了如何通过强有力的提问来帮助他人转换思维，达成可持续的蜕变。
- 解释了如何在不使用任何问题清单的情况下，让每个提问都精准有力。
- 描述了如何抓住问题的核心，从而让客户自然而然地、可持续地向前迈进。
- 提供了让教练对话更有效率和效果的方式方法。
- 分享了对人类行为的深刻理解，帮助你在教练对话中快速辨析情况。
- 提出了 22 个隐藏在教练对话中的主题，让你的提问更轻松，教练效果更有冲击力。
- 概述了每个教练对话中的必要元素。
- 揭示了那些客户以为可以帮助他们达成目标，但实际上阻碍了他们取得想要的结果的心理防御机制和策略。
- 给出了一个直观的、有迹可循的方法，帮助你的客户产生深刻且持久的思维转变。

以上概念和想法中有的很可能与你所学的或正在践行的方法有矛盾之处，有的可能看起来更加独特。无论何种情况，我都希望你考虑尝试不同的东西，用开放的心态来决定这些概念和想法是否值得坚持并纳入实践。

我坚信哪怕只是践行本书中的一两项原则，也能快速提升你的教练效果，并且你的客户也将迅速感受到这种效果。本书将告诉你如何始终将客户与情况分开，以及如何有效地抓住情况、困境和挑战的核心。最终，相较于短暂奏效的方案，你的客户将获得长期的效果。

本书的结构

就像教练对话一样，本书的材料呈现遵循一个弧线：先介绍如何建立奠基性的教练思维模式，再介绍如何把握教练对话的开端、中间及结尾。

表 0-1 呈现的是一场教练对话整体上所涵盖的元素。本书通过实例和对

照,深入阐述了每个方面,以帮助你掌握对话的每个阶段。

本书第 1 部分介绍了直击核心的教练思维模式。其中包含如何做到客观、不带偏见地倾听,呈现真正的教练状态,放下公式化的教练探询及证明自我价值的需要。第 2~4 部分分别对应教练对话的开端、中间及结尾。表 0-1 中罗列的一些元素可能在对话的不同阶段都会发生或重复出现。

表 0-1 一场教练对话整体上所涵盖的元素

	教练对话的解构		
	开　端	中　间	结　尾
直击核心的教练思维模式	(1) 开场问题 (2) 客户故事 (3) 听完故事后提出的第一个问题 (4) 对话合约	(5) 辨别真相和看法 (6) 思维上的转变/改变 (7) 回顾	(8) 附加问题（可选） (9) 支持体系和资源 (10) 结束对话并支持客户取得的结果

第 1 部分是"一种新的教练方法：直击核心",介绍了直击核心的教练这一"新方法"与传统的教练方法之间的区别。在这部分中,将介绍一个有代表性的直击核心的教练对话所具备的元素,然后开始搭建指导你学习本书内容所需的基础架构。你也将学习如何在不触碰心理治疗与教练的边界的前提下去探询客户的过去。

第 2 部分是"教练对话的开端",详细介绍了直击核心的教练方法的思维模式。其中包含如何在建立有力的教练状态和客观性的同时,放下教练公式和模型。这部分探讨了如何深入地倾听,包括在对话中收集信息及识别阻碍深度倾听的因素。在打下思维模式的基础后,你将看到对教练对话的详细解构。这些将帮助你学会如何融合教练对话的元素而不令对话显得公式化。这一部分还强调了教练在听完客户开场故事后提出的第一个问题的重要性。它往往奠定了对话的深度。你也将看到,在拿到实质的对话合约之前,往往会有几个提问可以促进合约的达成。

第 3 部分是"教练对话的中间",解释了如何通过使用"直升机方法"来避免陷入客户的故事或细枝末节。这部分探讨了如何辨别看法和真相,以及如何增强好奇心。以上这些可以让你避免把客户说的所有表面的东西都当成事实。这一部分也包含了 22 个宝贵的主题。所有教练对话中或多或少都会折射出这些主题。熟知这些主题能够帮助你快速识别客户话语背后的真相。你将发现快速抓住问题核心、找到挑战的根源的方法。这样你的教练对话才会真正地专注于思维转变，而不是管理眼前的症状。你还将学到如何让客户自我总结，并有机地产生他们自己的行动方案。

第 4~6 部分分别是"教练对话的结尾""精湛的教练技术""向前迈进"。其中第 4 部分包含帮助客户跟进并设计能够支持他们的行动方案的有利环境。这几部分还介绍了一些进阶的、精湛的教练技巧，以及拥有任何经验水平的教练都可能面临的一些挑战。虽然本书也介绍了不同类型的客户及他们的沟通风格，但重点关注的是如何使你自己的教练对话更加轻松，更加富有成效和效率。

注意事项和邀请

在你阅读本书之前，我想要强调一些注意事项，并向你发出一个邀请。

注意事项：我所分享的不一定是绝对正确的方法、最好的方法，当然更不是唯一的方法。这些方法是从我的经验中逐渐形成的。它们在帮助他人实现人生转变上被证明是非常有效的，同时也帮助许多教练精进了他们的技术。

我的邀请：请抱着空杯的心态来吸收本书中的所有内容，也请开放地尝试和学习不同的方法与技巧。尝试后看看会发生什么。如果你尝试了这些方法之后，发现它们对你并不适用，你尽可以摒弃它们。但我认为，你会发现本书介绍的绝大多数经过时间验证的原理和方法都是行之有效的。最重要的是，这些原理和方法对每位教练来说都是实际、好用和可持续的。

为了更好地吸收和巩固书中的知识，我邀请你做阅读笔记，记录你的想法和洞察。本书每章最后的提问也将帮助你反思刚刚阅读的内容。我设计这些问题旨在帮助你深化思考，并将这些想法立即应用到你的教练工作中去。写下这些问题的答案能帮助你挖掘创造力,将这些原则和你已经知道的联系起来。这是成功学习的关键因素之一。你也可以将你对这些问题的思考和同事分享,当然也可以和客户一起尝试。

这个世界需要杰出的教练!人们渴望成长,渴望摆脱那些束缚他们、阻碍他们达成目标的习惯、模式及信念,他们希望过上更好的生活。无论你是哪种类型的教练,也无论你在哪种环境下工作,你的教练技术都可以而且应该起到改变人生的效果。感谢你选择了这本充满鼓舞与力量的书。

目录

第1部分　一种新的教练方法：直击核心

第1章　直击核心的教练方法的基石·················2

第2部分　教练对话的开端

第2章　直击核心的思维模式·····················11
第3章　带着全新的意图倾听·····················20
第4章　奠定基础··························35
第5章　提问的艺术························48

第3部分　教练对话的中间

第6章　不要轻易相信客户······················60
第7章　理解人类行为模式······················68
第8章　通过22个主题掌握对话精髓··················77
第9章　聚焦最重要的内容······················111
第10章　促成转变·························117

第4部分　教练对话的结尾

第11章　推进和结束对话······················137

第5部分　精湛的教练技术

第12章　直接沟通的核心······················153
第13章　进阶教练技巧·······················164
第14章　常见教练挑战·······················181

第 15 章　客户的沟通风格与类型 ·················· 189

第 6 部分　向前迈进

第 16 章　与潜在客户的初次交谈：一个不同的选项 ·················· 197
第 17 章　直击核心的教练方法实例（完整的对话）·················· 203
后记 ·················· 214
关于作者 ·················· 215
致谢 ·················· 216

第 1 部分

一种新的教练方法：
直击核心

第 1 章
直击核心的教练方法的基石

你无法教会一个人任何事情。你只能引导他去发现自己内心的答案。

——伽利略·伽利雷（Galileo Galilei）

成为一名更卓越的教练

为了将我的方法与其他那些更为人们所熟知的方法区分开来，你首先需要了解直击核心的教练是什么，以及它的不同之处。

人们已经了解的关于教练的一些事情

- 教练强调让客户感受当下，转换视角与观点。教练和某些心理治疗不同，它不聚焦客户的过去。相反，它强调当下，放眼未来。
- 教练需要与客户建立伙伴关系，帮助他们以真正满意的方式向前迈进。客户的满意来自解决眼前的困境、冲突和顾虑，以及弄清楚如何持续地创造、成长和拓展。
- 教练帮助客户发现并改进有用的做法，摒弃无效的做法。教练的过程着眼于客户当下的渴望、问题或情况。
- 教练对话通过有力的技巧（如工具、支持和框架）来帮助客户厘清他们目前的需要，并聚焦重要的事项。
- 教练过程有助于在生活的各个领域创造繁荣、平衡和成就感。通过教练

第1章 直击核心的教练方法的基石

- 过程,客户可以将自己的愿景(想达成的事情)切分成更小、更容易管理的步骤,从而更好地将其实现。每次教练对话都会让客户离自己想要的更近一步。
- 虽然和朋友聊天也会有帮助,但教练的倾听不加评判且客观,充满信任与真诚。
- 教练可以被看作一整套能够协助客户创造并达成他们愿景的工具,帮助他们取得积极、永久性的效果。

教练流程可以拆分成3个简单的步骤。

(1)识别阻碍客户达成目标的一些观念、想法和信念。

(2)帮助客户转换思维,从而对自己有积极正面的感觉,并向前迈进。

(3)帮助客户利用自己的优势获得成就感,并充分发挥他们的潜能。

教练通过了解客户当下的处境,探索他们心中的理想画面,寻找缩小两者之间差距的方法,从而实现客户的目标。

所有的教练对话都聚焦于一件事情——帮助客户,具体包含以下内容。

- 提高客户的自我觉察能力。
- 找出让客户受阻的原因。
- 让客户在生活及工作中创造更多繁荣、平衡和成就感。

但是,如何达成这个目标才是关键。既然上面已经建立了关于教练的一些基准,接下来就来看看直击核心的教练方法的独特性和高效性,以及它是如何深入重点的。

直击核心的教练方法

直击核心的教练方法认可以上所有内容,但也有一些特别之处。直击核心的教练真正关注的是客户本身——他们是谁,他们眼中的真相是什么,他们有什么样的行为,以及他们重视什么。除此之外的细节在直击核心的教练眼里变得无关紧要。直击核心的教练能够完全抛弃在客户面前表现或证明自己的需要。他们并不聚焦于取得眼前的结果，而是专注于探索如何推动客户产生全方位的、长期的蜕变。通过这样的方法，客户自然而然会积极地推动自己向前迈进。仅从第一个问题开始，一段深刻、充满见地的教练过程就已经在进行了。

直击核心的教练知道如何通过高度相关的回放与提问来和客户建立并展示良好的协作关系。直击核心的教练方法不专注于解决眼前的问题。实际上，解决方案是教练过程的副产品。试图在探索客户的思维、行为、想法和价值观之前就产生解决方案或行动计划，就好比问了一个不妥当的问题，如"你每个月赚多少钱"。

大多数人认为教练就是帮助客户。虽然教练确实在帮助客户，但这不是直击核心的教练的目标。

> 教练的角色是照亮客户自己无法看清的东西。

通过教练提供的"光照"，客户可以发现他们以前看不到的东西，因此，帮助客户只是教练过程的副产品。

常规的教练方法与直击核心的教练方法

常规的教练方法通常遵循一些公式或模型来解决某个问题。此类方法的重点是确保客户在下一次教练对话前采取某些具体行动。

这类方法的典型做法是在一开始就对客户分享的内容照单全收，强调从一开始就商定客户要求的结果，然后实现这一目标。采用这类方法的教练还会协助客户设计行动方案，然后督促客户完成。

在这类教练方法下，教练的压力来自为客户找到解决方案从而证明自己的价值。这类教练往往没有意识到，其实自己不应该对任何结果负责。随之而来的是，他们在教练对话中收集了一些不必要的信息，而这种对非必要信息的收集反而阻碍了他们进行高效且有意义的教练对话。

第 1 章　直击核心的教练方法的基石

或许客户暂时看上去为此感到满意,但教练和客户都没有意识到的是,只要客户的根本问题没有得到解决,教练对话的效果就会变得差强人意。相反,如果能够做到不局限于以具体结果为目标采取行动,客户就有可能会对他们的处境或挑战产生新的视角,而这一新的视角可能会影响其生活的各个领域。

所以,我认为蜕变式的教练方法,或者说直击核心的教练方法,依托于理解客户本身,而不是理解他们面临的处境或问题。

相较于常规的教练方法,直击核心的教练方法的一个主要特点是,教练不会对客户的话照单全收,因为他们听到的大部分内容极有可能是客户对事实的诠释,而并不一定是事实本身。因此,学习区分事实和客户的诠释是直击核心的教练方法的基石。直击核心的教练方法旨在揭示对事实的错误诠释,帮助客户看清自己的真实情况,而不是他人眼中的情况。

除此之外,在直击核心的教练方法中,教练提出的问题始终能促进、挑战客户的思维,同时深入了解他们的想法、行为和价值观背后的真正含义。

直击核心的教练将注意力集中在客户话语背后最重要的东西上,不浪费时间,但也不让客户觉得自己很渺小。要做到这一点,前提是对人的独特性怀有深深的好奇和尊重。直击核心的教练方法不是公式化的,而是有机而自然的。它的关注点是如何令对话更加深入,而不是更加宽泛。也就是说,以最高效的方式探究核心。

在教练界,直击核心有时会被用来指在特定时间内快速完成教练对话。你也许听过一些意见领袖说起过 10 分钟的教练对话,他们甚至会现场演示如何在 10～15 分钟内完成一次教练对话。

然而,在本书中,直击核心的教练指的并不是这类对话,而是一个特定的教练流程,它可以帮助你快速识别更大的真相,提供可以促成客户立即转变的信息。尽管这并不是真正的目标,但由于直击核心的教练能够高效地触达底层的真相,因此通常这样的教练对话会比较精简。

此方法为客户提供了清晰、独到而深刻的视角转变,能给人带来如释重负的感觉。它的另一个独一无二的特点是通过留意客户的用词来凸显他们对自身情况的构思方式。直击核心的教练方法强调聚焦于客户本身，并将客户和他们的故事或情况区分开。

直击核心的教练与客户并肩作战，帮助他们改变思维、模式和习惯，从而使他们更好地向前推进。在这样的方式下，教练对话将不是套路，而会使你的客户的人生发生深刻的变化。这并不是因为你已经预见了结果，并为之铺好了道路，而是因为你有能力以独特的方式倾听客户，提出发人深思的问题来拓展客户的思维，并发现可能阻碍他们前进的潜在想法。你的职责是为他们提供一个完全中立、安全的环境，让他们能够以有机的方式来选择自己的道路。

直击核心的教练与客户一起探索，直至客户清楚自己真正需要什么。对话一开始的探索取代了快速达成合约这一形式化的操作。因为如果教练对话足够深入，客户会自发地产生行动方案，积极主动地创造支持环境，从而使自己的行动更加可持续。

直击核心的教练方法能够让客户实现以下几点。

- 跨越他们感知到的障碍。
- 发现他们真正想要的和需要的东西（这通常不是他们最初表达的愿望）。
- 拥有足够强大的新视角，以至于他们不想再退回到原来的思维方式。
- 学会如何聚集那些能够真正支持他们的人。
- 有机地设计行动方案，以创造自己想要的体验和结果。
- 实现有意义、前后一致的长期成效，并为他们人生的其他方面带来积极而深远的影响。

在概述了直击核心的教练方法的特别之处后，下面来具体看一下它与常规的教练方法之间的不同之处在教练对话的开端是如何体现的，如表1-1所示。

在教练对话一开始，利亚说道："我感到很无力，不知道如何分享我的情况。"然后，她说："我想谈谈我的女儿，以及她在游泳队中遇到的问题。我不知道是应该请一个外部私人教练来指导她，还是让游泳队的教练继续指导她。"

第1章 直击核心的教练方法的基石

表1-1 两种教练方法的不同之处

常规的教练方法	直击核心的教练方法
"感谢分享你的情况。我们的对话结束后你期望达到什么样的结果？"	"我理解你想谈谈你的女儿和游泳队的情况，但我很好奇，是什么让你感到无力，难以分享？"
利亚回应说她想做出一个决定	利亚回应说她担心女儿可能遇到了某种麻烦，可能会被游泳队除名
"让我们看看这两个选项各自的优缺点，看看哪位教练最适合教你的女儿。请外部游泳教练的好处是什么？"	"你的担忧是可以理解的。你女儿被除名对你来说意味着什么？"

在常规的教练方法中，教练对利亚的故事照单全收，跳过了她开场说的关键信息（感到很无力，不知如何分享），直奔解决问题，一上来就问客户想取得什么结果。教练的提问集中在如何选择游泳教练上，试图引导利亚采取行动，选择最好的资源。

这种方法并没有错，只是不够有力，也无法为客户带来真正的人生转变。这可能会暂时缓解利亚的"症状"（苦恼于如何为她的女儿选择最佳的游泳教练），但它并不像直击核心的教练那样能够探究问题的根源（利亚对她女儿更深层的担忧）。在常规的教练方法中，教练专注于自己的议程（选择两位游泳教练的优劣），而不是让利亚选择她想如何开始探索她的情况。

现在来看看在相同的情况下，直击核心的教练方法有何不同。

教练认可了利亚一上来提到的需求和情绪，提出了关于她情绪的问题。

教练的第一个问题是："是什么让你感到无力，难以分享？"从一开始教练就紧跟利亚给出的信息，没有忽视她分享的内容背后的原因。她看似无关紧要的分享必定与真正的问题有关联。正是因为教练没有忽视利亚一开始的情绪，他才能够很快找到问题的核心。需要注意的是，利亚针对这一问题的回答已经揭示了重要的信息。

教练在表达了对利亚的顾虑的认可之后，提出了一个专门针对她的问题（"是什么让你感到很无力……"），而不是针对她的女儿或如何做决定进行提问。直击核心的教练对话的目的是了解客户，探索真正困扰他们的东西，并确定他们希望感受到的是什么。这有助于客户发现有哪些想法或思维模式妨碍了他们达成目标。在上述例子中，利亚感受到无力是因为她担心女儿出现严重的问题。

直击核心的教练不会对客户声称的目标照单全收。在利亚的例子中，她也许认为孩子在游泳队的进步是她（利亚）自己价值的体现；也许利亚曾经在学校也有类似的艰难经历，而她女儿的处境触发了她自己痛苦的回忆；抑或是其他完全不同的原因。通过提问和保持坦诚开放的心态，教练能够冲破自身有限的认知局限，或者对客户的言辞有更多的理解。教练还要发自内心地相信客户才是他们自己的专家，并通过提供一些光亮来帮助客户在黑暗中发掘自己的答案。

正如你所预想的，尽管直击核心的教练方法和常规的教练方法之间存在一些共同的目标，如帮助客户从新的角度看待事情、突破障碍等，但两者取得的结果可能会大不相同。通过直击核心，你可以在更短的时间内，花更少的精力，获得可持续的教练效果。教练解决的是问题的核心而不是症状。这能够使客户永久改变他们的思维模式，并体验到更深刻的效果。

在刚才的例子里，直击核心的教练仅通过提出几个问题，就能达到完全不一样的效果。而这还只是开始。想象一下，倘若在整个教练过程中持续使用直击核心的教练方法，那将如何极大地改变客户取得的结果？

这正是我要在本书中向大家展示的教练方法。通过阅读本书，你将学会以下几项技能。

- 在教练过程中识别并放下自己的议程（即使你认为自己没有议程）。
- 从看法中辨别真相。
- 通过更深入的倾听来识别阻碍客户的主题、策略及模式。
- 提出能够真正引发客户思考的问题，而不是引出更多细节，导致自己不得不思考接下来要问的问题。
- 确保你的提问始终足够开放而有力。这往往需要深思熟虑地回放你所听到的核心内容，以及为你的提问提供上下文。
- 防止陷入无限循环的对话，避免迷失在细节里。

第1章　直击核心的教练方法的基石

- 当你觉得不确定或困难的时候，不用担心接下来要问什么问题。
- 以优雅、协作的方式结束教练对话。

本书的知识和技能简单实用，可以让你（更重要的是你的客户）在更短的时间内达成渴望的结果。通过循序渐进的指南、示例和反思性问题的协同作用，你将更容易地掌握以上技巧。再通过持续的实践和练习，你将发挥本书所学，达到新的教练高度。

感兴趣吗？如果你已经准备好探索如何使你的教练对话终如一地产生深远的影响，请从回答以下问题开始吧。

反思问题

- 作为一名教练，你目前的强项是什么？你面临什么样的挑战？
- 如何使用本书中全新的方法来让你原先的强项更上一层楼？
- 除了你现在使用的教练方法，还有什么样的潜在的可能性值得探索？

第 2 部分

教练对话的开端

第2章
直击核心的思维模式

你能为整个世界做的最好的贡献就是最大限度地发挥你的潜能。

——华莱斯·伍托斯(Wallace Wattles)

一场教练对话整体上所涵盖的元素

教练对话的解构

直击核心的教练思维模式

开端

(1) 开场问题

(2) 客户故事

(3) 听完故事后提出的第一个问题

(4) 对话合约

中间

(5) 辨别真相和看法

(6) 思维上的转变/改变

(7) 回顾

结尾

(8) 附加问题(可选)

> （9）支持体系和资源
> （10）结束对话并支持客户取得的结果

正确的思维模式是一切的开端。教练的思维模式与教练过程同样重要。如果教练在对话中分散注意力或没有能够完全临在，那就是没有服务好客户。在深入探讨教练对话的具体要素之前，先来看看发展真正的教练状态的一些关键因素。

一张白纸

一张白纸指的是一个保持完全客观的心态，不抱有任何预期的人。换言之，这样的人对接下来要发生的事情没有任何先入为主的想法。虽然很难想象做到真正的客观并且没有任何期望会是什么样子的，但这恰恰就是杰出的教练进入每次教练对话时的状态。这样的教练是灵活的，可以接受对话中出现的任何情况，且能够朝着当下需要的方向推进对话。

这样的思维模式可以让教练呈现真实自然的状态。而这种状态可以消除教练想表现自身才华的倾向，从而使教练对话变得有效。

> 自我表现的倾向会妨碍良好的倾听，使你错过帮助客户达成真正的突破的良机。

让自己"一无所知"

想象一下这样一个场景：教练对话开始的时候，你对接下来要发生的对话一无所知，但是你相信你需要知道的信息都会在接下来的对话中浮现出来。如果你对教练对话将如何展开有了先入为主的想法或顾虑，那么你会处处留意自己每一步是否做对了。而这正是妨碍你做好教练对话的因素。因此，保持良好的教练状态的关键是不去努力表现自己是正确的、聪明的、有才华的。

你要愿意承认自己的任何态度或信念都有可能是错的。你完全有可能会问出一个彻底偏离真实情况的问题。即使这样，它也有可能让客户看清情况。提出这样的问题并不代表你犯了错误。相反，这表明你是好奇的，甚至可以为客户厘清他们的困惑。

> 教练的成功来自他们能否摒弃为客户提供价值或达成具体结果的需求。

这需要练习和经验的积累，以及一个能够让对话自然流动的中立态度。

要保持直击核心的思维模式，你必须做到以下几点。

- 信任教练过程。
- 信任你的客户。
- 信任你自己。

一切从你开始

直击核心的教练方法最重要的元素就是你自己。

作为一名教练，完成自身蜕变的一个条件是理解杰出的教练所拥有的思维模式、态度和信念。

无论一名教练多么有经验或有才华，仍然有不知道对话要去往哪里的时刻。我自己目前也仍然有这些时刻，你很有可能也是这样。其中的不同之处在于：对经验丰富的教练来说，他们知道自己可以相信教练过程，而且那些不知道的时刻并没有让他们感到不适。

有意义的教练对话的关键是教练能够放下那些不知道的时刻，选择信任自己、信任客户、信任教练过程。虽然这看上去有违直觉，但是"信任教练过程"的其中一部分指的是相信你所学的内容会在对话中自然而然地浮现，而且无论你对此有多么怀疑，结果都会是好的。

有些教练觉得他们有"冒牌者综合征"。他们认为自己没有提供足够多的价值，促成足够好的效果，或者认为自己配不上所获得的报酬。你可能在从事教练工作的早期也有过类似的想法。于是，你觉得需要找公益客户进行更多的练习才可以做收费教练，或者你会犹豫是否要报出你的收费标准，又或者你会花好几小时来设计你的商标和名片，却没有尝试去获客。

你需要明白，当你倾听客户，针对他们本身提出问题，帮助他们反思自己时，你就已经为他们提供了巨大的价值。你不必比他们懂得更多，不必理解他们职业生涯的细节，也不需要拥有与他们相同的专业知识。举例来说，会计不需要教练来帮助他们做账，但他们也许需要在人际交往能力方面获得帮助。每个人都遇到过单凭自己无法解决的问题。即使你是跨国公司的 CEO，也需要别人的支持来看到新的视角。

你是什么样的教练与你知道什么一样重要。直击核心的思维模式能提高你为客户提供持续的、蜕变式的教练效果的能力，并让你充满信心和力量。本章及其他几章中的概念将帮助你学会无论在什么情况下都要相信自己。

你的教练状态

你可以通过 5 种方式——五感，做到临在，如果你在真正地倾听、看、闻、品尝和触摸，那么你就临在了。

为了在教练对话中维持当下感，你需要专注于你所听到的内容。只要你保持开放，不带评判，对客户保持好奇，不分心，并专注于倾听他们所说的和没有说的，你就做到临在了。

当你与客户交谈时，非常重要的一点是，要保持充分的觉察，并与客户建立自发的关系，尽可能地让自己保持开放、灵活和自信的状态，即使你当下并没有感觉自己有足够的信心做到这些。不要带着自己的议程进入对话，认为自己知道会发生什么。也不要假装自己已经有了"正确"答案，或者在还未明晰情况时就表现得惊慌失措。努力保持开放的好奇心。最重要的是要保持几乎过分的中立。

作为教练，在对话中，有时候你的思绪会分散你的注意力，令你感到困惑，甚至充满怀疑。当你留意到这些思绪时，要把你的注意力再次放回客户身上，选择倾听他们。这就像在冥想过程中，当你的思绪被扰乱时，要清理并重新引导它们。只是在教练过程中，你要将注意力重回到倾听客户上。随着你使用蜕变技巧的经验越来越多，那些怀疑或对过程的不信任感就会逐渐消失。

如果你因为不知道对话要去往哪里而变得焦虑，请重新把注意力放在深入倾听上，并询问你的客户他们此时需要什么。例如，你可以简单地问："此时，对你最有帮助的是什么？"

随着经验的增长，你可能会因为听过相似的客户故事就觉得自己已经知道对话的去向，从而失去了对客户本身的关注。然而，这些假设会给你带来麻烦，使你无法临在，也无法深入地倾听。

一部剧情突然反转的电影会让你大吃一惊。当你的客户讲述着一个你熟悉的故事时，情况也是一样的。你必须做好剧情反转的准备，这样你才能够做到与客户保持连接。卓越的教练水平意味着在对话的任何时候，你就对话会去往哪里完全没有任何假设，你只是在跟随客户的回答。把客户的分享想象成这是你第一次听说，就好像你对接下来对话会去往哪里毫无头绪一样。这会对你很有帮助。

摒弃公式化的教练

精湛的教练对话是没有具体的公式或模型的。相反，它是自然的：教练对客户所提供的信息做出自然的响应。

虽然教练对话需要具备一些特定的元素，但它没有精确的公式。在客户分享了他们的开场故事后，你需要先针对客户本身做探索（而不是针对他们的情况），然后锁定一个特定的话题进行讨论。当与客户展开深入的探索后，你会发现，客户真正想要的往往不是他们一开始想要的。

重要的是对话必须是流动的、有机且自然的。不要使用行业术语。你的表达需要不加额外的解释就能让客户明白。你需要使用和朋友一起吃午餐时使用的语言。

不同于教练界流行的观念，我邀请你放下预先准备好的教练问题清单。优秀的问题来自深入的倾听，而不是一张清单。一个简单的问题可能是整场对话中最有力、最能引发思考的，如"是什么让你认为这是一个挑战"或"那意味着什么"。

在蜕变式教练方法中，问题来自你当下所听到的内容。尽管这些自然的问题并不复杂，但它们往往能产生最深远的影响。不要老想着让客户回应你所呈现的内容，你要想着怎样回应客户呈现的内容。

在精湛的教练对话中，客户的觉察会持续不断地被创造出来。这些觉察经常被描述为"一波接一波地来"。客户的觉察来自以下几个方面。

- 你的回放（你对听到的内容的解读）。
- 具有挑战性的问题。
- 你的观察。
- 你的直觉。
- 静默时刻。
- 你的反馈。

注意，以上这些技巧不需要提前计划，不需要事先准备好精湛的问题，也不需要多么前沿的思维。这些技巧不依赖寻找所谓的"啊哈"时刻。许多教练努力追求"啊哈"时刻，却最终错失了本可以提升客户觉察的良机。相反，你需要临在，与客户保持同频，并且跟随他们一路留下的"面包屑"（客户提供的各种看似不起眼的信息）。

当你采用以上方式时，"啊哈"将在如涓涓细流般的对话中自然到来。当你铆足了劲想提出一个创造巨大的"啊哈"的问题时，你关注的其实是你自己，并不是客户。这样一来，满足你自己的需求就会优先于帮助客户取得结果，那样你就无法深入地倾听，并了解问题的核心。而当你把客户放在第一位，将所有的注意力都集中在客户身上时，问题的答案就会自动浮现，前进的方向也会变得清晰。

对客户友好，但不要和对方成为朋友

作为教练，你是专业人士，是保持客观的外部人员。你默认拥有客户的许可，可以和他们用直接的方式沟通。相反，朋友会想维持永久的关系，且彼此间可以自由地分享个人信息。

那么，如何与客户保持友好的关系而不成为朋友呢？答案是将对话的重点放在客户身上，而不是放在你自己身上。当你做好这一点时，就不会陷入客户的情绪或细节中去。总体来说，不要将你个人的经历或观点带入对话中，除非这些经历或观点是基于客户分享的内容。然而，如果你觉得有必要分享自己的经历或做过的事情，可以采用第三者视角。

与客户保持专业关系非常重要。不要通过客户来满足你的个人需求，如社交、被喜欢、被赞美等需求。不要轻易同意他们的观点，也不要将自己与他们的情况进行比较，因为这会妨碍你作为客观倾听者的角色发挥。即使你有过与他们非常类似的经历，你也可以基于从之前的经历中学到的东西来提问，而不必提及你是如何学到这些的。保持友好意味着保持客观并欣赏每位客户的独特性。这并不意味着你们应该像朋友一样分享和交流。

在一段友好的专业关系中，你的角色是激发客户进步。这不仅是一场聊天。你要做的是帮助客户深化自我觉察并向前迈进。

先做你自己的教练

成为真正卓越的教练的一个最重要的条件是在你自己的问题上下功夫。这并不是说你要能完全解决你的问题，而是说你要不断地在个人发展和成长上做出努力。教练越在自己身上下功夫，教练水平就越高。

你在如何下功夫方面的问题也会不可思议地在你的客户身上体现出来。从客户身上学习很重要，同样有益的是，借助客户面临的挑战去反思你自己是否也有同样需要解决的问题，并专注于解决它们。例如，如果你的客户苦于无法维护自己的边界，那么你可以趁机查看自己的边界有哪些需要提升的地方。你知道的，帮助别人比帮助自己更容易。给你自己请一名教练有助于揭示你的盲区。而且我还注意到，只要被教练，我的教练能力就会提高。

自我意识及对"我"一词的使用

要尽量避免在教练对话中使用"我"这个词。你的客户并不需要你的建议，也不需要听取适用于你的方法是什么。他们需要知道什么才是适合他们的方法。因为每个人都不同，所以他们肯定不是你，对吗？

此外，你的客户总是对的。你应该放下自我意识，让客户成为正确的那个人。例如，如果你的客户说："草是紫色的。"与其反驳他，不如问一个问题："是什么让你得出了这个结论？"换句话说，不要否定客户，或者妨碍他们的沟通。让他们解释自己的结论。当你做到这一点时，你便赢得了客户的信任。让客户解释并不意味着你同意他们的观点，而是意味着你尊重他们不同的观点。给他们空间去探索自己的想法，这样你能够更接近他们的信念和故事的根源。这就是真正的蜕变发生的地方。

以下是瑞秋·娜欧蜜·瑞门（Rachel Naomi Remen）关于教练的一段描述。她是综合医学领域的佼佼者，撰写了《厨房里的智慧》一书。

> 作为教练，我们的工作是提供服务。如果我们试图帮助或修复客户，这意味着我们认为客户是有问题的。帮助和修复只会将我们引向一个方向，那就是消耗我们的精力，使我们无法服务于其他人的梦想。这意味着我们不相信客户的潜力，自诩我们有更多的专业知识。而我们希望向客户传达的一个信息是："你的人生是重要的。"我们希望他们明白，我们的核心是什么与我们做了什么同样重要。

教练关注的是提供服务，而服务客户要从灵魂出发，而不是从狭隘的自我意识出发。教练提供的服务不是如何修复或解决客户的问题。一旦教练开始努力修复或解决客户的问题，或者向客户提供建议，就是在提供咨询，而不是进行教练对话。

当你带着以上这些想法进行教练对话，保持临在、开放的心态及时刻中立的状态时，你的客户就会蓬勃发展。他们将能够自在地探索内心深处的信念和看法。因为他们知道你不会评判他们或强迫他们做任何事情。很少有人有这种被接纳的体验。这份体验可以帮助你与客户建立深厚的信任，并激发客户摆脱他们熟悉的模式。这就是蜕变开始的时刻。

反思问题

- 如果你正在使用教练公式或模型进行教练，抛下这些公式或模型，你觉得可能会发生什么？
- 当你读到有关在教练过程中临在，并真正信任自己、信任客户和信任教练过程时，你想到了什么？
- 当你真正临在时，对你（及你的客户）来说会有什么不同？
- 持续提供蜕变式教练服务对你目前的客户有什么好处？

第 3 章
带着全新的意图倾听

> 大多数人都没有抱着学习和理解的意图去倾听。他们倾听是为了能够回应对方。所以，他们要么在说话，要么在准备说话。
>
> ——史蒂芬·柯维（Stephen Covey）

教练技能中最重要的是倾听能力。人们经常以为倾听很容易，因为听觉是人类的感官之一，而且人们整天都在使用它。然而，一名卓越的教练会学习如何以更深入的方式倾听客户的真相。我花了很长时间才掌握倾听的艺术。我希望通过阅读本章，你能够将我所学和掌握的东西融入你的日常实践中，为客户提供非凡的教练体验。

在本章中，你将发现如何从与客户的初始对话开始收集关于客户的数据。我还将详细介绍在任何一次对话中都要记住的两个最重要的问题。

什么会妨碍深度倾听

无论在倾听谁，你的大脑都会妨碍你进行纯粹的倾听。当有人在说话时，你自然而然地会想在对方停顿的间隙插入自己的想法，或者产生与对方刚刚所说的并不那么相关或不真实的想法。除非说话的人真的非常有趣，否则你很难一直保持专注。因为你听到的一切都可能会触发你的反应或引向其他一些事情，然后你的思绪就会跑偏。

当你没有真正倾听时，会导致以下后果。

- 你可能会错过重要的信息。
- 你可能会失去耐心,并希望直接跳到解决方案。
- 你可能会因为没有深度倾听而感到尴尬,于是想说一些你认为比较机灵的话来证明你始终在认真地听。
- 你可能会分心并偏离主题。

有一些迹象能够表明你在教练对话中已经没有在真正地倾听了。这时,你的思绪跑到别的地方去了,你的注意力涣散了,或者你也许觉得很无聊。从内心深处,你会担心客户注意到你没有在听,或者担心对话没有达到一个好的效果。这种担忧导致你想证明自己的价值,并替客户找到解决方案。而这恰恰妨碍了精湛的教练对话的发生。

苏珊娜在对话一开始对她的母亲抱怨不停。她说她母亲每天早晚和工作期间都会打电话给她。她感叹要是她母亲没有这么频繁地打电话给她就好了。许多教练听到这些会产生如下想法。

- 这是她今天想聚焦的问题,还是她只想发泄一下?她怎么突然抱怨起这个了?
- 这和我们上周谈论的内容有什么关系?
- 天哪,我妈妈也是这样的人!这种行为真的很烦人。

所有这些想法都会让你的注意力从苏珊娜身上挪开,使你难以深入地倾听。你是人,你会时不时地走神。重要的是,你要能够留意到自己走神了,按下暂停键,然后重新将注意力集中到倾听上。

在直击核心的教练中,我希望你多发挥倾听的能力。以下这些概念将有助于你深入了解客户的话语,洞察他们用词背后的内容。

收集数据

自从你与某个人相识(电话、邮件、短信或面对面)的那一刻起,你们每次的交流都在为你提供关于这个人的数据。这里的数据指的是不带任何个人评论或意见的信息。任何信息都不能放过。要将所有这些存储在你的"数据银行"中，以供随时检索。甚至连一个人的处事方法和沟通风格也是数据。

弄清楚你刚接触对方时收集的数据，这一点随着时间的推移会变得格外重要。想想你第一次与某个人见面时，对方给你留下的印象。假设那个人让你不爽，你的大脑里就会很快"存入"对这个人的评判或意见。尤其是在教练关系中，你需要对获取的数据保持完全中立和抽离的态度——只是需要把它们存储起来而已。

举个例子，潜在客户露易丝发了一封邮件给你。她问你能否打电话给她，却没有提供电话号码给你。这个行为可能会立即被你打上"粗心大意""忙不过来""心急"的标签，但它也许只是对方的一个疏忽而已。你只需要将这些初始数据当作信息存储起来，而不用加以诠释。但是当露易丝成为你的客户后，如果有新的情况让你联想到这件事，你便可以进一步探索，以确定客户是否存在这样一种模式。

再举个例子，一位潜在客户理查德打电话给你。他在电话里做了自我介绍，然后还没等你有机会和他安排会议，他就开始不停地谈论工作中让他备感沮丧的事情。当他终于喘过气来时，又开始问各种关于教练的问题，如收费等。注意，此时你已经在收集重要的数据了。但不要被这些数据诱惑或过早地下判断。当你和他的关系建立起来之后，并且再次听到他未经询问就大量地分享细节时，你便可以联系之前收集的数据，针对这一行为和他进行探讨。当你第一次听到客户暗示他们为了别人的幸福而放弃了自己想要的东西时，这就是数据。但当你再一次听到类似的信号，或者有一些证据让你觉得这一情况仍在持续时，它就成了有上下文的数据，可供你提问。

随着你和客户的合作加深，你将收集更多的数据。把收集的数据仅视为中立的信息是有难度的。然而，为了保持中立，并促成客户的蜕变，你要接受任何你了解的关于客户的信息，将其作为数据存储起来，并在需要的时候进行调用。否则，你会很容易陷入他们的模式，从而失去客观性。

探索不经意的话语

这个话题属于数据收集的范畴。

你不能忽略客户随口一说的话，而要能针对他们说的话进行提问。如果他们说这不重要，你便可以将其放在一边，继续对话。但是，完全不理会是不可取的。人们往往因为某些原因而提起一些事情。也许他们只是想发泄一下而已，也可能是有东西让他们感到不安，影响他们想讨论的其他话题。

客户也许会这么说："今天我和老板之间发生了一件很糟糕的事，但我主要想谈谈我和我母亲的情况。"尽管客户只是随口提了一句他的老板，让你感觉不值得探讨，但你还是应该就老板的情况提出一个问题。之前我说有两个关键问题。这是一个绝佳的时机来提出其中一个关键问题："他为什么要告诉我这些？"要留意那些不经意的话语，因为它们通常都隐藏着一些关于客户的信息。

下面来看看一次团体教练指导的例子。

> 班杰明是一名副总裁。在一次对话中，他说："我不经常寻求帮助。今天我带来的话题是这样的：我与我的一名直属下属（一名总监）之间发生了一些问题。他似乎不理解我给他的任务指示，我总是不得不频繁地跟进他的进度，而我并不想那么频繁。我觉得我浪费了很多宝贵的时间来确保他正确地完成工作。我的沮丧感强烈得都快爆炸了。"

在我带领的小组指导中，通常会有几名教练轮流向客户提问。遗憾的是，第一名提问的教练错过了一个机会，没有抓住重要的东西。班杰明之所以提到他不经常寻求帮助，是有其背后的原因的。

> **客户在教练对话中分享的一切都是有原因的。**

这名教练原本可以就班杰明不经常寻求帮助这一点来提问，帮助他探索背后的原因。然而，与此相反，她询问了他对下属的沮丧情绪。

第二名提问的教练抛出的第一个问题是这样的："我听到你说你这位下属的表现让你感到非常沮丧，同时我也听到了你不经常寻求帮助。不经常寻求帮助是怎么回事呢？"班杰明回答说："我不想被看成一个'坏人'，我认为没有必要把困扰我的这些问题拿出来和别人讨论。"这名教练紧接着问道："不想被看作坏人这一点和你的下属的情况之间可能会有什么样的联系，如果有的话？"班杰明回答说："我总是被告知要维系太平，不要去搞事情。"随着对话的继续，班杰明意识到那个一直储存在他脑海中的信息（不想被看作一个"坏人"）并非在所有情况下都对他有利。

班杰明那句不经意的开场白（"我不经常寻求帮助"）才是问题的核心，而这经常在教练过程中发生。

保持中立

保持中立可能是教练技能中最困难，同时也是最重要的方面之一。它是成为真正的专业教练的核心。

那么，一个真实的回应与一个中立的回应之间的界限在哪里呢？中立的关键是：无论你分享什么，提出什么问题，都不能有倾向性，即你的话语不应该夹杂任何个人情绪或意见。你的分享不能让客户感受到正面或负面的语气。相反，它只是一个单纯的观察而已。

在分享你的观察、反馈和想法时保持中立尤为重要。例如，客户说了很久都没有停顿。与其试图让其看到自己的行为对你造成了负面影响，或者分享你的沮丧情绪（甚至一些无意识的表达，如从言语中透露的情绪），你不如这样说："我听到你已经说了一段时间，里面有很多细节，我发现自己很难保持专注。你听到我这么说有什么想法？"这种方法可以让你客观地分享你注意到的内容，然后让客户选择如何回应。通过此方法，你提供了基于事实的、客观的信息，即数据，并让客户决定接下来对话要去往哪里。所以保持中立并不是说不让你感受任何东西，也不是说让你把自己封闭起来，而是说你不能被拖入客户的情绪或情况中，以至于无法客观地提供帮助。

即使你准备了一张问题清单，你也不知道客户接下来会说些什么。他们会如何回应你的问题，什么可能会点燃他们的情绪，对于这些你都无法做好准备。你也许对客户有一个初始的意见或判断，如"这是一个脆弱的客户，需要很多手把手的提点"，但客户可能反而会告诉你一个关于他感到自己充满力量的故事。重点是，如果不够开放、中立和客观，你很可能会陷入客户的故事，错过那些本可以帮助他们发生蜕变的机会。

如何平衡你收集的有关客户的所有数据，并仍然保持完全中立的状态呢？这需要你带着"一张白纸"的状态进入每次对话。如果有需要的话，你可以访问之前建立的"数据银行"，基于之前观察到的或在之前的对话中听到的内容提出一个问题。但这样做的前提是需要合乎时宜，不能刻意为之。你的"数据银行"中已经存储了从第一次与客户接触开始关于客户的所有信息：他们提了哪类问题，他们的沟通风格是什么样的，他们的想法、信念、模式、进展或阻碍是什么等。所有信息都可以在合适的时机拿出来使用。例如，你可能会想起之前对话中客户所说的似乎与其当前所说的内容有矛盾之处。（你也许觉得把每次对话中的内容记录下来会对你有帮助，但值得注意的是，你写下来的任何书面材料都可以在法庭上被传唤。）

记住两个关键问题

如果你在倾听任何人（尤其是客户）时始终牢记以下两个关键问题，那么你的倾听能力和好奇心就自然会提升。

（1）他们为什么要告诉我这些？

（2）是什么让客户认为这是个问题？

你不能直接向客户提出这些问题。这些问题是为了激发你对眼前这个人更多的好奇心，使你保持专注，并通过真正的倾听来了解客户的根本问题或思维误区是什么。具体来说，这两个关键问题将帮助你做到以下几点。

- 专注于客户本身，而不是客户分享的故事。
- 识别客户的情绪状态，同时了解他们是如何思考和处理信息的。
- 保持好奇心，但不打探细节。
- 倾听客户没有说的内容，或者客户话语背后的信息。
- 发现能够拓展客户思维的提问机会。

以下几个简短的例子说明了记住这两个问题是如何有助于了解客户需求的。

杰瑞向他的教练分享了一个故事：他的两位同事在一次员工会议上起了争执。他描述了他们俩之间的紧张关系，以及双方是如何坚持各自的观点的。他还提到，当别人试图劝架时，他们却无视别人，继续争吵。

杰瑞的教练的提问很多是围绕争吵双方、他们争执的内容及事件的其他细节的。她迷失在故事的细节中，以至于这场对话逐渐变成了对争执双方的讨论。

想象一下，如果杰瑞的教练足够好奇，想知道为什么杰瑞如此花时间讨论一个与他无关的争论，那会怎么样？他为什么要讲这么多细节？想想刚才说的两个问题："他为什么要告诉我这些？""是什么让杰瑞认为这个争执是个问题？"你对这些问题的好奇可能会引发你通过提问来帮助杰瑞探索这次争论给他带来的感受、威胁或困扰。

帕特里夏非常期待去参加一次医疗任务。事实上，这也是她一直以来的梦想。她对教练说："我一直指望着通过一项房产交易的收入来提供这次医疗任务的花费。然而，在房产交易过程中产生了很多意想不到的费用。除去那些费用，我收到的费用只有预计的10%左右。我非常伤心，因为我不得不放弃我的梦想了。"

教练说："这听起来确实很令人失望。听起来你就像把所有鸡蛋都放在一个篮子里了。听到我这么说你想到了什么？"

帕特里夏沉默了很长时间，然后说："你说得对，听你这么说，我意识到自己对如此重要的事情根本没有计划好。"最终，对话结束时，帕特里夏重新找回了信心，改变了她原本消极的、受限的思维。

她打算咨询她的理财顾问，看看有什么新颖的财务建议。（不久之后，她便凑足了资金去实现她的梦想。）

教练的第一个问题说明她在听"客户为什么要告诉我这个情况"（因为她深感失望），以及"是什么让这个问题对这个客户来说是一个问题"（因为她没有任何备用计划）。直到今天，帕特里夏的故事都提醒着我那个问题是如何真正改变她的人生的。

如果我当时问的是："放弃你的梦想对你来说意味着什么？"可能会导致一个恶性循环。因为这样问代表我相信帕特里夏确实搞砸了，相信她不能做她真正想做的事情。与此相反，我表达了对她的处境的理解，同时指出了问题的症结，并针对症结进行了提问。

我将在第4章详细探讨这两个关键问题。

说客户的语言

教练培训经常提到，使用客户的语言是有益的。但在某些情况下，说客户的语言可能会让你感到不舒服或有点奇怪。尽管如此，使用他们的语言还是有帮助的，因为这样客户就不必诠释你的话语或提问了。例如，如果他们说的是"照片"，而你习惯说"相片"，那么，请使用他们的版本。如果他们说的是"钱不够了"，而你倾向于说"东西买不了"，那么请记住，你和客户是伙伴关系，即使感觉不自然，使用他们的语言也是最有效的。这也有助于客户感觉到自己被倾听和被理解。

消除行话——它不是通用的

我的总体经验是，我应当做到永远不需要针对我使用的词语或表达向客户做出解释。我会对自己说："你和朋友吃饭时会用同样的词汇或表达吗？"教练对话需要和日常谈话一样，唯一的区别是80/20原则（一个指导原则，即你说话的时间占 20%，而客户说话的时间占 80%），以及教练不分享关于自己的信息。我经常听到教练使用一些需要特别做解释的词语或表达，例如：

- "接下来你需要向什么靠拢"vs"接下来你的机会点是什么"。
- "你需要成为谁"vs"你希望在自己身上看到哪些特质"。
- "你希望呈现什么样的状态"vs"你需要做些什么来准备这场对话"或"你希望人们注意到你的哪些方面"。

虽然教练经常使用"信念"一词，但令人感到讽刺的是，它可能有负面的内涵。这个词明显是一个教练行话。如果你对客户说："我听到你有这样一种信念，那就是，你觉得总是需要做更多的事。"客户可能会听成："你怎么能觉得这（觉得自己总是需要做更多）是件好事？"相比"信念"，我更喜欢"想法"或"念头"这些表述，因为它们听起来似乎更自然，也不带评判。例如："我从你的话中听到了这么一个想法……"然而，在本书中，在讨论客户的想法和念头的时候，我将默认使用"信念"一词，因为作为教练的你对这个术语是熟悉的。

经常运用静默

> 聪明的人知道如何说话。明智的人懂得何时要保持静默。
>
> ——罗伊·贝内特（Roy T. Bennett）

静默是最重要的教练工具之一，也是最少被有效使用的。它不仅指你在提问后保持静默，还指你在客户给出最初的回答后可能也要保持静默。

教练经常没有留出足够的静默时间。在客户回答一个问题后，教练经常会提出下一个问题，因为他们认为客户已经说完了。但有些客户需要一些时间来思考教练的问题。还有些客户习惯边思考边说。教练需要倾听客户的"思考过程"，并意识到客户稍后可能还会有更多的回答。也就是说，客户可能只是在思考中稍做停顿，但他们思绪的车轮仍在转动。一名卓越的教练在听到客户的初步回应后，应当能够辨别客户的思考仍在继续，以及他们需要更多的思考时间。给客户过多的静默时间好于过早地问下一个问题。

第3章 带着全新的意图倾听

唯一可以在客户回答后立即提出下一个问题的情况是：你的提问只是为了询问一些简单的信息，而不是为了促进客户思考，如"这是哪一天发生的事"。

静默的时间尤其会令新手教练感觉格外不舒服。让人感觉好像自己说错了什么，或者失去了这名客户一样。虽然让人感觉很不舒服，但静默的运用是区分初级教练和卓越教练的重要指标。

> 无论在静默中有多么困难或多么不舒服，你都要静心等待，让客户先开口。

当一个问题引发了客户的思考时，尤其需要通过静默给予对方思考的时间，因为虽然客户回答了一些话，但他们可能还没有回答完毕。在这种情况下，即使客户看起来已经回答完毕，你也要留出更多的时间。请看以下示例。

教练：那个评价对你来说意味着什么？

客户：嗯……我没想过它意味着什么。（这一声"嗯"，或者在回应之前的静默，都在告诉你，你需要等待更长的时间来让客户进行思考。）我猜这意味着她在等我先解决这个问题。（再次静默。）尽管我是这么想的，但我不确定那是不是我应该做的。毕竟……

作为教练，你最不该做的就是打断客户的思考。这就像你正做着美梦，闹钟突然响起，梦境中断了，再也回不去了一样。如果客户认为静默时间太长了，他们会告诉你的。

在客户回答了一个发人深省的问题后，保持静默是尤其必要的。这时，你就等一等，因为他们可能有一些情绪。更有可能的是，他们在给出初步回答后仍在思考。他们可能需要很多思考空间才能准备回答你的下一个问题。

提问—回答—提问—回答，这样的模式是低效教练对话的表现。当我做教练演示时，人们会立即注意到我留给客户很多静默时间。因为当出现静默时，人们会自然地想填补它。因此，如果你只是保持静默，客户将很乐意主动分享关于他们的重要数据。

另一种教练没能有效运用静默的情况是：在他们提出问题后，客户没有立刻回答。这时，教练往往想立即重新表述刚才的问题，而不是等待客户回答。因为他们没有意识到，客户可能需要更多的时间才能回答。

即使你在提出一个引发思考的问题后，客户回答"我不知道……"，我仍然建议你保持静默，看看他们到底是不想回答、害怕回答，还是真的需要好好思考。不管怎样，静默都是合适的，因为客户几乎每次都会有进一步的回应。

例如，一位教练问客户："你害怕什么？"客户回答说："我害怕我永远也好不了。"如果这时教练紧跟着问一个问题，无论是什么问题，都会造成教练与客户思绪的脱节，因为客户之前的回应是特别深刻的。如果客户回答"我不知道"，他们可能是真的不知道。但绝大多数时候，他们是知道的，只是他们可能不想说出来，或者需要时间思考和消化自己的想法。客户可能需要大量思考和消化的空间。此时任何问题都会破坏这一空间，并把他们带回原先的思路。在这种情况下，等待客户先发言就显得至关重要。

展现同理心

在评估教练对话录音时，我听到了以下对话。

客户：我完全被吓到了。我刚刚发现我丈夫有外遇，我不知道接下来该怎么做。我是否应该告诉孩子们发生了什么？这是否意味着我需要提出离婚？

然后，我听到教练复述了客户的情况："我听到你刚刚发现你的丈夫有外遇。你真的很难过。你不确定是否应该告诉孩子们，也不确定这对你意味着什么。我理解得对吗？"

这样的回应缺乏同理心。教练虽然听到了客户所说的内容，却并没有真正地倾听和理解客户的感受。我经常听到教练复述客户的话，甚至在回放客户的情绪时也是如此，就好像他们在报告天气状况一样。你的声音、语气和语速，这些都很重要。尤其是当客户有明显的情绪时，你需要让他们明白，此时此刻，任何情绪都是正常的。通过这样，你展现了同理心，并让他们感受到你是理解他们的。

同理心听起来简单,但对许多人来说,要做到并不容易。教练倾向于试图修复客户的情绪,而不是仅将自己从与客户的互动中体验到的回放给客户听。为了展现同理心,你可以识别出客户的一两种主要情绪,并将其回放给他们。在先前的例子中,客户表达了害怕的情绪,她还分享了对未来感到不确定。一个恰当的表达同理心的方式可能是:"我明白所有这些都让你感到很害怕,而且一次性处理所有问题有很多不确定性。"让自己设身处地地站到客户的立场,能更容易传达他们的情绪。

想象一下,如果在刚才例子中,教练紧接着问"你希望此次对话取得什么结果",客户会是什么感受。这会是一个完全不合适的问题,我称之为"裸"问题。这会让客户不知如何回应。这不仅忽视了客户所说的内容和她背后的感受,还要求她在情绪化的时候去定义对话的目标。

一个富有同理心的回应可能是:"听起来你好像一直被蒙在鼓里,这种情况确实会让人感到沮丧。我们的对话怎么样才能对你有所帮助呢?"同理心表明你能够理解客户的处境。当你提出跟进问题时,他们会视之为邀请他们在对话的方向上做出选择。在这种情况下,不要试图"修复"客户或进入解决问题模式。客户可能只是想有个机会发泄一下,并觉得自己有这样做的权利。

营造安全和信任的空间

当客户感到安全和信任时,他们会透露更多的信息。反之,如果他们有任何怀疑或犹豫,很可能会选择保留。创造安全的空间和信任的环境是教练的职责。一旦建立了这种氛围,真正的对话就可以开始了。

要实现这种安全和信任的环境,请记住一点:关系比结果更重要。是的,结果是重要的,但教练是基于人的工作。与具有各种复杂的思想、感受和经历的人共事必须是教练心中的头等大事。当你的注意力放在与客户的关系上,并放下对结果的执着时,你与客户之间便能建立更深的信任,客户就愿意分享更多信息,他们最终的收获也将远远超出预期。而且，这样的教练关系往往是可持续的。

埃丽卡一开始找到我做她的教练是因为她的工作并不开心。在教练期间，她不仅换了两次工作，还成立了自己的工作室。在教练过程中，她谈论的话题扩展到约会、婚姻和组建家庭。我们之间的关系在几年的教练过程中变得越来越深厚。这是她一开始找我做教练时没有想过的。

在一次教练对话中，梅丽莎听起来很沮丧，她告诉我她意外怀孕了。她还没告诉她丈夫，也没告诉她父母，但她不得不找个人倾诉。作为教练，我所做的就是专注于当下，让她知道我在倾听。在这次对话中，她并没有期望得到一个特定的结果，而只是想抒发自己，并希望能够被听到。虽然我说得很少，但她说她感受到了我的同理心和与我的连接。几个月后，她告诉我，我们之间的教练关系让她感受到她可以信任我，以及我会给她空间。

有时候，教练对话仅涉及维持与客户的关系和尊重客户的人性。

大智若愚

作为教练，你的态度至关重要。如果你认为自己是专家，知道什么最适合客户，那么你不仅不是在做教练，还无视了客户的智慧。事实上，你越表现出好奇心，越想了解你的客户，你的教练效果就越好。

你必须愿意承认自己的任何态度或信念都有可能是错的。有些措辞不仅能够邀请客户分享更准确的信息，还能体现你是一位外部的、客观的倾听者。例如，"让我有点困惑的是……""我可能是错的，但听上去这似乎……"

如果你将你感受到的内容回放给客户，即使客户说你错了，又有什么关系呢？你能因此从客户那里获得新的数据才是重要的。教练对话不是为了证明孰对孰错，而是为了让客户洞察真相。事实上，如果你在回放你感受到的内容时说错或猜错了什么，客户通常会很乐意提供更准确的信息给你。这样做实际上可以促使他们分享更多信息。

肯定与认可

作为教练，你的职责之一是积极地支持客户，但这不等同于充当客户的啦啦队。为了恰当地认可客户，你需要提供一些背景信息。当你这样做时，你对客户的行为和选择给予了肯定，而不只是在认可你看到或听到的。举例如下。

认可你所看到或听到的："感谢你分享这些信息。"

肯定客户的行为和选择："感谢你分享这些信息，因为它能帮助我更好地了解你的想法。"

两者的区别在于，当你肯定他人的行为和选择时，你的表达是更具体的，并提供了相关的背景信息。

不断地肯定客户在教练中是不合适的。然而，时不时地这样做会产生积极的影响，因为客户会感到自己的行为和选择的正确性得到了外部的验证。

> 乔希经常约会。他告诉我有位女士打电话说要再次和他约会。我留意到这次他回应对方的方式发生了变化。于是，我说："我真的能感觉到你处理这次对话的方式和几个月前有了很大的不同。这表明你已经取得了很大的进展，也付出了很多努力。对此你怎么看？"乔希回答说："哇，这对我来说越来越容易了。我都没留意到自己的进步。这太棒了。"他很感激我指出了他取得的进展。

区分：主动告诉客户与让客户自己去发现

什么时候需要告诉客户你知道的事情？什么时候需要让他们自己去发现？

当客户流露出某些情绪时，最好让他们自己去发现情绪背后有什么。当他们自己找到答案时，它将具有更大的意义、更大的价值，并能够带来永久性的变化。而且，如果探索的内容是关于他们及他们是谁的，那么只有他们自己才知道答案是什么。

然而，如果这是一个客观事实，一个"更大的真相"，或者是一个直接的观察，那么你就直接告诉客户。我所说的"更大的真相"是指大多数人普遍认同的真相，但不一定是客观事实。在这样的情况下，不要通过提问来迫使客户得出某个你所知道的事实或真相，因为这个过程会让客户感到沮丧。

相反，你需要告诉客户你所知道的，并询问客户的反应，如"你认为呢"。

以下是一些关于"更大的真相"的例子。

- 在经济低迷时期，一般找工作会难一些。
- 女性喜欢通过与朋友交谈来维系关系。
- 男性对自己的工作和事业有较强烈的身份认同。
- 有些人对现状感到满意，没有兴趣做出改变。
- 人们往往不知道如何区分自私和自爱。

你还能想到什么可以帮助客户提升觉察的"更大的真相"吗？

本章讨论的所有内容为培养教练卓越的倾听能力奠定了坚实的基础。那些对你来说即使不算新的内容，也值得你回味。而其他一些内容，如需要牢记的两个关键问题，很可能有助于你今后更深入地倾听。更好地觉察客户不经意间说出的话语也有助于精进你的教练水平。但在本章中我最喜欢的原则是保持静默，它如此简单，却又如此难以做到。

反思问题

- 如果你在做教练时能够时刻牢记本章中讨论的两个关键问题，对你的教练效果会有什么样的好处？
- 你对静默的体验是什么样的？阅读了本章后，今后你会如何调整对静默的运用？
- 探索客户不经意间说出的话语对你的教练效果会有什么样的影响？

第4章
奠定基础

当你向好人呈现可能性时,他们会做出伟大的事情。

——比兹·斯通(Biz Stone)

在了解了直击核心的教练方法的基本思维后,接下来几章将详细地讨论教练对话的每个组成部分。

在精湛的教练对话中,不应当出现任何模型或公式的痕迹。然而,每场精湛的对话,无论多短,都包含 3 个关键元素:开端、中间和结尾。每个元素都能促进和深化教练与客户之间的伙伴关系,有助于创建更有意义的对话。

- 开端的主要目标是建立融洽和信任的关系,让客户能够自由地分享。
- 中间需要帮助客户意识到自己陷在什么样的困境中及其背后的原因,或者为什么他们的思维"有问题",以便他们能够更好地了解自己和自己的处境。
- 结尾要让客户将学到的东西付诸行动,协助他们建立支持体系,并通过协作的方式结束对话。

首先,让我们仔细看看开端的每个元素。

> **教练对话的解构**
>
> **直击核心的教练思维模式**
>
> 开端
>
> (1)开场问题

> （2）客户故事
> （3）听完故事后提出的第一个问题
> （4）对话合约
>
> 中间
>
> （5）辨别真相和看法
> （6）思维上的转变/改变
> （7）回顾
>
> 结尾
>
> （8）附加问题（可选）
> （9）支持体系和资源
> （10）结束对话并支持客户取得的结果

教练对话中的开场问题

教练对话中的开场问题应能立即表明这是一场有目的的专业对话。

由于教练不应该预设议程，因此在对话开始时请避免要求客户汇报他们的进展。假设你们的上一次对话是围绕客户寻找新工作展开的，在这次对话前，客户发现自己有严重的健康问题并为此深感不安。在这次对话中，他很可能更想讨论他对健康的担忧，而不是继续寻找工作。因此，你需要让他先分享自己想讨论的内容。如果遇到合适的时机，你可以在对话的其他时刻询问有关求职问题的进展。此外，客户在一开始的故事中通常会提及他们的进展。即使一开始没有，随着对话的推进也可能会显露出来。

客户倾向于把他们想到的每个细节分享出来。如果你的开场问题是"今天你想谈些什么""你这一周过得怎么样"，你实际上是在邀请客户分享故事细节。而这种分享很容易把你们的互动从专业教练对话变成没有重点和目的的闲聊。

下面是一个有力的开场问题示例。

"在今天的对话中，我们需要专注哪些（可以为你带来价值/带来变化/比较重要的）事情？"如果客户回答"我不知道"，请记住，这个回答基本上意味着他们本周没有遇到"一周大事件"，或者他们还没准备好分享自己的真实情况，又或者他们暂时想不到有什么具体的点值得讨论。那么这时你有如下几个选择。

- 你可以让客户回忆一下一开始找你做教练的原因是什么。
- 你可以询问客户自从接受教练以来取得了哪些进展，以及还有哪些需要改变的地方。你可以说："每个人的人生中都难免有些方面不完全令人满意。"然后询问他们讨论哪些内容是有意义的。

记住，无论客户是否准备好谈论一个特定的话题，他们的许多行为和模式都存在。这意味着总有一些事情是需要探索的。

客户的故事

当你提出一个有技巧的开场问题后，客户通常会开始讲述他们的故事。客户通常会提供细节和/或明确的例子，以及他们想努力改进的某个方面。这样的讲述可能会持续好一会儿，但如果你从直升机视角去倾听，就能够将其概括为与客户本身紧密相关的内容。

也就是说，要将客户的故事与客户本身（他们是谁，他们的想法或行为是什么）区分开来。

在下面的每个例子中，请留意哪部分是关于故事的，以及跟进的问题是如何围绕客户本身提出的。

- 客户故事：我的老板私下告诉我他要离开公司了。即使我知道我不应该这样做，但我还是想告诉同事们。
  围绕客户本身的提问：是什么让你很难对此事保持沉默？
- 客户故事：我想清理办公室里的杂物。
  围绕客户本身的提问：是什么让你认为那些杂物是一个问题？或者，是什么让你认为现在清理它们比较重要？
- 客户故事：我需要决定是留在这个部门，还是申请去公司其他部门。

  围绕客户本身的提问：是什么让这个决定比较困难？或者，什么可以帮助你做出决定？
- 客户故事：我男朋友让我感到心烦，他总是迟到，并且经常在最后一刻爽约。

  围绕客户本身的提问：是什么让你认为这是一个问题？或者，是什么让你接受了这种行为？

要避免针对客户的故事去提问，因为这会把你绕进故事中，得不到能够帮助你了解客户真相的新信息。提问的目的是通过更好地了解客户真正的情况来保证对话不断向前发展。

客户开场故事结束后的第一个问题

> 你在客户的开场故事结束后提出的第一个问题可能是整场对话中最重要的问题。

客户开场故事结束后的第一个问题往往决定了对话的深度。你和客户的探索过程应当始终优先于你想达成解决方案的愿望。在罕见的情况下，客户从一开始就确切地知道他们的问题是什么，以及他们想要什么。但绝大多数情况是，他们一开始分享的往往是一个例子或一个概念，而其背后的东西要深刻得多。

记住，回放至关重要。回放指的是把你对客户提供的信息的理解反馈给他们，尤其是在听完开场故事之后。因为当客户分享完开场故事后，他们希望感受到你的倾听和理解。

为了建立信任和融洽的关系，首先你应该用自己的话把接收到的内容回放给客户，然后提出一个简短、开放的问题。回放并不是要复述客户的故事，而是要囊括你的诠释（更多关于回放的讨论请阅读第 5 章）。

与其通过提封闭式问题来检验你对客户故事的理解，不如直接提一个开放式问题，这样你得到的答案就不会局限于简单的"是"或"否"。你的第一个问题应该使对话从故事转向了解客户本身，从而立即深化对话。

一些经验较少的教练的第一个问题往往不够有力量。例如，"你希望通过这次对话获得什么结果？"

这个问题并不能帮助你与客户建立融洽的关系，而且在对话过程中，这个问题的答案通常会变得无关紧要。在对话的早期阶段，你也不太可能通过这个问题找到客户处境背后的根本原因或目的。

请尽可能避免这样的表述："我听到你的老板让你很不开心，你想弄清楚自己是否想继续做这份工作。我理解得对吗？"

问这样一个"是"或"否"的问题，会让客户觉得你似乎不知道该问什么和/或需要确认你听到的每个字。这是一个封闭式问题。它引出的回答通常信息量很少，这就意味着教练必须赶紧思考下一个问题，而真正应该思考的人是客户。而且，这类问题看上去更像你想向客户证明自己倾听得有多好。

"关于你与你老板之间的关系，能再多说点吗？"这个问题很可能会促使客户分享更多的故事细节，却无法帮助你更好地了解客户本身。你真正需要关注的不是客户与其老板之间的关系，而是客户想离职这一念头背后的内容，以及是什么让这个抉择如此困扰他。

相反，看看以下这些问题。

"听起来你和你老板之间的关系让你开始考虑是否离开。在做这个决定时，什么可能会对你有所帮助？"

"在这个时候做出是否离开的决定对你来说有什么重要性？"

这些问题是围绕客户本身提出的。它们能够推进对话，并让客户提供有用的数据来供你们继续探索背后真正的问题。

如果客户分享的内容非常模糊，你可以让他们举个例子，以便更好地理解他们所说的内容。或者，你可以简单地问："在这次对话中，什么可能会对你比较有帮助？"如果你对他们所说的没有完全理解，那么寻求澄清至关重要。然而，在这样做时，最好先提一句："为了确保我的理解是正确的……"如果你不能够完全理解他们所说的，对话就无法向前推进，因为焦点是模糊的。

有时候，客户只提供了一个概念，如"我做决策很困难"。请客户提供一个例子可能会帮助你发现，原来真正的问题根本无关乎做决策，而是他们害怕说出自己已经做出的决策。

随着对话的推进，在倾听客户时，你应该始终问自己以下两个问题。

（1）他们为什么要告诉我这些？

这个问题绝不能直接问客户，但需要铭记在心。它可以帮助你更敏锐地倾听客户的心声，将细节与客户本身区分开，并让你继续对促使他们分享这些的原因保持好奇。

（2）是什么让客户认为这是个问题？

并非每个人在面临挑战时都有类似的反应。你的任务是理解为什么这个特定的客户会面临这个特定的挑战，而其他人可能不会。

如果客户想做出决策，你首先要了解的是，客户做出这个决策背后的原因是什么，为什么要现在做出决策，以及对他来说为什么这是一个艰难的决定。精湛的教练技巧是与客户共同逐层、逐步地深入探索。这不是让客户列出每个选项的利与弊——他们可能已经做过这项工作了，而是让你探索和理解客户的动机、思维方式与行为。收集更多关于决策或情况的细节并不能帮助你理解客户的动机、思维方式和行为的深层考虑。

在一次教练学习中，学员斯科特在教练对话一开始说道："大约一年前，我的姨妈和姨父去世了，我继承了他们的房子。我注意到，我过去总是很守时，但最近总是迟到，这让我很困扰。我希望在这次对话中可以谈论时间管理，以及我如何回到以前守时的状态。"

这里提到了两个看似无关的话题。（他为什么要告诉我这些？）客户想探讨如何提高时间管理能力。你不能忽视客户的这一要求，虽然随着对话的开展，它很可能不是问题的核心。因此，这两个话题你都需要提及。例如，"我明白你希望探讨时间管理和近来迟到的模式，与此同时，我好奇继承这套房子对你来说意味着什么？"

注意不要一下子就深入得太快。一开始，如果你问的是："你认为房子和迟到之间可能会有什么联系？"这个问题可能太大了。斯科特甚至都没想过两者之间有任何联系。如果这样提问，你不仅会引入两者之间是有联系的这一假设，还可能在对话初期问了一个斯科特可能还没有能力回答的问题。

在教练培训课堂中，随着斯科特继续分享，我们发现他对于继承了一套他并不想要的房子感到不安。迟到往往与愤怒或怨恨有关。教练提出的问题帮助揭示了原来斯科特并不想要这套房子，因为继承和打理房子最终消耗了他大量的精力。斯科特意识到他的迟到问题并不是因为时间管理得不够好，而是由于他持续的挫败感、愤怒和怨恨所导致的。在意识到真正的原因之后，他就能重回准时状态了。

支持客户的议程，而非你的议程

教练经常会在无意间设定对话的议程，特别是当客户提供了多个可能的话题时。

例如，客户说："我想讨论我的父亲。我还想谈谈我的工作。"教练问："关于你父亲，你想讨论什么？"这里教练为客户做出了选择，而不是让客户选择他想走的路径。

教练无意间设定对话的议程还体现为提出引导性问题或向客户提出请求。引导性问题寻求明显或既定的答案，并反映教练特定的预期。一个引导性提问的例子是："在这里，谁（对你）拥有控制权？"这个问题有一个暗示的"正确"答案，因为只有客户自己才有控制权。与其问引导性问题，不如问一个真正开放的问题。例如："你想针对目前的情况做些什么？"

在没有提供足够的上下文的情况下，你向客户提出的请求也可能成为你自己的议程。"你愿意尝试这个练习吗？"这是一个引导性问题，因为客户拒绝你的可能性极小。要知道，大多数客户都想配合教练。在这种情况下，客户很可能会服从教练的请求，而不是真正同意。事后他们可能会感到不舒服、怨恨或被操控。

如果你认为某个练习可能会对客户有帮助，提供上下文是很重要的。解释一下练习的目的及你认为它为什么有用，这样客户在做出承诺之前就能了解这些信息。否则，尽管练习可能会很有帮助，但如果没有得到客户的充分支持，依然会带来负面的影响。

有些请求可能会让人不舒服。例如，对很多人来说，"请你闭上眼睛"会让他们感到不自在。然而，如果你说："有一个练习可以帮助你从不同的角度看待你的处境。而这需要你先闭上眼睛。你觉得可以吗？"以这种方式提出请求可以让客户做出诚实的回答。

让客户设定对话的议程非常重要，但教练的职责也包括保持对话始终是聚焦的，并向前推进。因此，如果你能够通过跟随来带领客户的话，你就不会"劫持"对话的议程。"通过跟随来带领"指的是把客户刚刚分享给你的信息作为你提出下一个问题的基础。

如果你为客户设定了对话的议程，那么客户可能会感到议程内容与他们想要的脱节。

对话合约

合约是对话中的一个环节。在这个环节，你和客户就对话关注的焦点和可以达成的合理的结果达成一致。

我坚信，在对话中提出"你想关注什么"这个问题的时机很重要。当你同时考虑客户的具体情况和他们的长期计划时，什么时候提出这个问题会让你感到棘手，且往往容易引发争议。

有时候，这个问题需要在对话进行到一个较为合适的阶段时才能提出来，以便为对话找到一个具体且合适的方向。教练过早地寻求这个问题的答案只会引起客户的挫败感。在对话开始后 10 分钟左右，教练通常会有一个自然的契机来问："根据我们目前探讨的内容，在接下来的对话中，聚焦什么会对你有帮助呢？""聊到这里，此刻对你最有帮助的是什么？"话虽如此，建立和深化对话

第 4 章 奠定基础

合约并没有固定的时间框架。在某些对话中,客户真正的需求在对话进行了很长时间后才会变得清晰。

真正的合约需要比"你想关注什么"这一简单的合约问题的答案更深入。因为合约对对话至关重要,所以针对客户的回答进行进一步探索很有必要。以下几个问题可以协助你巩固合约。

- 实现××最重要的是什么?
- ××的重要之处是什么?
- 你认为什么可能会帮助你实现××?
- 什么能帮助你知道自己已经实现了××?
- 当你实现了××,那会是什么样的?

请务必记住,你和客户都必须清楚地了解教练对话的目的。在任何时候,如果你觉察到对话似乎偏离了方向,就必须与客户重新商议合约。

下面来看看常规的教练方法和直击核心的教练方法分别是如何建立对话合约的。

珍妮(客户):我遇到了这样一个情况:就像你已经知道的,大约6个月前我和男朋友分手了。这让我措手不及。大约3周前,他给我发了一封电邮说他要回到这个城市,想和我一起喝杯咖啡。我想了很久到底要不要去。最终我跟他说我会去的,然后他再也没给我发过邮件了。现在我坐在家里,他所有的东西都还在我家,我不知道该怎么处理。

以下是常规的教练方法下的对话。

教练:嗨,你好吗?

珍妮:还可以。

教练:珍妮,我们今天可以谈些什么?

珍妮:(讲述上述故事。)

教练:所以你想弄清楚该怎么处理他留下的所有东西。你希望从这次对话中得到什么样的结果?

珍妮：6个月过去了，我想明确地知道怎么做才是正确的。

教练：你为什么想知道怎么做才是正确的？

珍妮：嗯，因为我觉得有责任归还他的东西。另外，他有点混蛋，我心里仍然有很多怨气。

教练：你怎样才能知道我们在这次对话中找到了你需要的答案呢？

珍妮：我想在对话的最后能够明确生成一个关于如何处理他的东西的行动计划。

教练：太好了，让我们一起制订计划。你对他不太满意，而他再一次闯入了你的生活。对此，你有什么感受？

珍妮：我有点困惑。我以为一切已经结束了，但是当收到他约我喝咖啡的邮件时，我才意识到，我仍然对之前发生的事情感到非常生气。

教练：你觉得是什么让你如此生气？

珍妮：我只是觉得他没有在分手这件事上处理好。我觉得他本可以更尊重我们的关系。我觉得我从来没有机会说出我想说的话。

教练：你为什么不考虑打电话给他，或者在见面喝咖啡时抓住这个机会？你觉得呢？

珍妮：嗯，是的。其实我也在想，我应该去和他见面，这样我就可以告诉他我的想法。这是个好主意。

教练：听起来不错。

以下是直击核心的教练方法下的对话。

教练：嗨，你好吗？

珍妮：还可以。

教练：哦，所以只是"还可以"。这让我好奇了。在今天的对话中，聚焦什么会对你有帮助？

珍妮：（讲述上述故事。）

教练：珍妮，我从这里了解到的是，即使这段关系已经结束一段时间了，但听起来你们之间还有一些纠葛，因为你们即将见面。

第4章 奠定基础

因此，我想知道，你希望通过这次见面达到什么结果呢？

珍妮：我想过很多，一开始我想的是"好吧，也许这是一个了断的机会"，后来我想"也许我真的需要告诉他我究竟有什么样的感受"，再后来我又想"也许我们之间还有火花"。说实话，我想过各种可能性。我不知道这样做是否明智。有很多可能性。

教练：是什么让你陷入了这种质疑模式呢？

珍妮：嗯，我感觉在过去几个月里，我经历了很多成长和疗愈。我真的觉得我已经放下了。我不想再陷进去，也不想再做出错误的决定，揭开过去所有的悲伤和遗憾。

教练：听起来在这背后，你害怕的是，如果你们再次见面，可能会干预你所经历的疗愈过程。那么，在这次对话中，探索什么会对你真正有帮助呢？

珍妮：嗯，我原以为我考虑的点是他留下来的东西，但实际上我想知道自己是不是出于正确的理由做出了正确的决定。我想知道对我来说最好的是什么，而不是担心他在想什么，或者试图证明或展示什么给他看。那么，对我来说，什么是正确的事情呢？

教练：当你问自己"对我来说，什么是正确的事情"时，你想到了什么？

珍妮：我意识到很多时候我做事情都是为了别人。这就是我刚刚想通的一点：我经常做一些事情，以免让别人生我的气，或者为了证明我真的很坚强。对我来说，其中一个触动是过去的就过去了。尽管我曾经因为分手而非常痛苦，但我知道那段关系是不对的。

教练：那么，这意味着你想从我们的对话中得到什么？

珍妮：我认为可以受到一些启发。但我真的想探索我到底想要什么，如何处理和他的互动，以及我想对他说些什么，还有需要和他保持什么样的界限，或者类似的问题。我想顺便弄清楚该怎么处理他的东西，这样我就能感觉我真正独立于他了，因为我们不再是恋人关系了。

教练：我确实听到你有一种总想为对方而不是为自己着想的倾向。在这种特定的情况下，你们的关系已经结束了，而现在你有可能再次见到这个人。如果没有任何后果，也没有感情纠葛的话，你在这种情况下到底真正想要什么呢？

珍妮：我觉得我需要让他听到，分手这件事对我来说是如此突然。我希望能够表达这一点，并问他几个问题。然后，我希望能够继续我的生活。

教练：珍妮，根据我的经验，你可以问所有你想问的问题，但你可能得不到诚实的答案。虽然你可能会觉得这么做能够得到你所需要的东西，但实际上，它也许会以你想要的方式发生，也许不会。所以，你想和他对话的背后一定有更有力的理由。你认为那可能是什么呢？

珍妮：是的，我猜如果我觉得自己被听到了，并感觉我可以说出自己真正想说的，或者得到了答案，会让我有一种真正放下的感觉。而真正的放下是不再去想"为什么会这样""怎么会这样"之类的。但你说得对，我可能永远都得不到诚实的答案。的确如此。

教练：如果事实确实如此，那么听起来你可能觉得见面是唯一能让你放下这段关系的方法。还有什么其他选项吗？

听完这些对话，小组指导中其他几位教练的看法如下。

对于常规的教练方法：对话听起来就像一个预设的公式；教练始终局限在客户故事里；教练对珍妮说的故事全盘接受，并没有探索其他方面；教练的问题停留在表面，而且走向了解决问题的方向；教练问了一个以"为什么"开头的问题，招来的是珍妮的解释或证明，而不是思考。

对于直击核心的教练方法：一开始教练就留意到了珍妮的语气和描述（"还不错"）；在达成真正的对话合约之前，教练和珍妮做了很多探索；当珍妮没有真正地回答教练的问题时，教练重复了那个问题（因为那往往是重要的问题）；教练的每个问题都是针对珍妮所说的内容提出的，没有放过任何重要的点；教练的每个问题都是针对珍妮的，而不是针对情况的。

正如你从本章中可能推测的，对话的开端往往决定了对话的深度，并从一开始就促进了效率和效果。本章介绍了如何将教练一开始的问题变得有意义。下一章将介绍如何在整个对话中有力地提问。

反思问题

- 你认为这种对话解构与你目前的方法相比如何？
- 你在客户讲述故事之后提出的第一个问题决定了对话的深度。基于这一信息，你的教练方法可能会发生哪些变化？
- 当你考虑推迟询问对话合约问题时，你想到了什么？

第 5 章

提问的艺术

> 被倾听与被爱的感受是如此接近,以至于对一般人来说,它们几乎是无法区分的。
>
> ——大卫·奥格斯伯格(David Augsburger)

卓越的教练通过提出开放式的、发人深省的问题来了解客户。这样的问题可以迫使客户去思考他们未思考过的方面,而不是让客户告诉你他们已经知道的信息。有些类型的问题有助于直击客户问题的核心,有些则会把对话引向死胡同或招来不相关的信息。在本章,你将学习如何持续地形成有力的提问,从而让客户进行充分的思考,而不是由你承担思考者的角色。这样的提问有助于防止客户陷入讲故事模式,并通过直击问题的核心来获得更深入的信息。

建立信任对教练关系至关重要,其中一个最简单的方法就是让客户感受到被倾听。为此,下文先从回放开始,然后提出一个简短的问题。

提供回放,而不是复述

在对话中的某些时刻,尤其是开场故事结束之后,让客户知道你理解他们在说什么是有帮助的。这就是我所说的回放。经验较少的教练倾向于将客户分享的内容复述一遍以表明他们在倾听。这样的对话听起来可能是这样的。

客户:当我的老板当着 CEO 的面批评我时,我很受打击。我为她做了那么多,她怎么能这样对我?

第 5 章 提问的艺术

教练： 当你老板当着 CEO 的面批评你时，你很受打击，想知道她怎么能这样做，尤其是在你为她做了那么多之后。

那你是如何处理的？

经验丰富的教练不会那么精确地回放他所听到的内容，而是会展现同理心。看看以下回应："你很受打击，因为你老板把你推下了水，这种感受我很能理解，尤其是在你为了她做了那么多之后。在此基础上，你觉得什么可能会对你有帮助？"

客户不需要了解细节，也不需要重听一遍他们的原话。除非他们使用了一些独特的词汇或表达，否则，总体而言，你的职责是回放核心信息，而不是重复。

> 回放可以被理解为对本质的概括。如果可能的话，也应当包含客户的情绪。

以下是回放的一些基本益处。

- 回放对你与客户建立友好、信任的关系非常重要；回放有助于让客户感觉到自己被倾听和被理解。
- 有时，客户会因为你的回放和他们预想的不一样而感到惊讶，从而为你们创造一些讨论的机会。
- 回放还可以让你与客户拉齐你们的理解。

当你把从客户那里听到的数据回放给他们时，你其实是在分享你对这些数据的诠释，这非常有帮助。你的目标是尽可能地获得对客户的最佳理解，因此你需要欢迎任何数据。回放是你作为教练对客户话语的理解。这是你作为外部客观的倾听者，从他们的话语中捕捉到的整体观察、要点、想法或主题。如果你的诠释不准确，客户也会乐意提供正确的数据。关键是你要认可你的观察只是你眼中的情况，而不要表现得好像它就是客户的真实情况一样。

与其说"听起来你被你老板背叛了，对吗"，你更需要让客户感受到那只是你的诠释，然后与客户确认："这听起来似乎有一种被老板背叛的感觉。这里有哪些是真实的？"记住，这是你的理解，而不一定是客户实际发生的情况。

分享观察之后，你必须跟进一个简短的问题，给客户机会来回应你的理解。

回放能让你和客户对他们的真实情况都有清晰的理解。这一点很重要，因为你不想造成以下后果。

- 走向错误的对话方向。
- 在未得到验证的情况下就基于你对客户情况的假想或猜测来展开对话。
- 无意中创建了你自己的对话议程。
- 因为客户没有感觉到被倾听和被理解而造成你与客户之间的脱节。

当你向客户回放时，最重要的是让他们感受到你理解他们作为人的核心是什么，并且这份理解是日益加深的。在回放时，倘若能囊括客户的价值观、特质或情绪，将很有帮助。你的目标是在"让客户感觉到被倾听"和"让回放不陷入故事中去"两者之间找到平衡。

泰莎分享说她去一家最喜欢的艺术用品店订购一批新的画笔。店员一直在玩手机，没有搭理泰莎。泰莎清了清嗓子，店员却大声埋怨道："我现在帮不上你。"然后他离开收银台去跟另一位顾客说话。尽管泰莎确信店里没有她要的那种画笔的现货，她仍然径直走向画笔区，开始寻找她要的东西。这时，另一名店员回到了收银台，泰莎便上前请求帮助。最终，那名店员帮她订购了她需要的画笔。

有的新手教练听到这个故事，也许会这样回放："听起来好像第一名店员并不重视你。"

这个回放的关注点不在泰莎身上，而在店员身上。

也有的新手教练也许会这样回放："让我没想到的是你没有放弃，而是继续找人帮忙。"

这个回放显得教练有很多评判，听起来好像客户坚持实现自己的目标是件坏事一样。

还有的新手教练也许会这样回放："你说到最后听起来像松了一口气。"

这个回放直接对泰莎的感受做出了判定，而不是将其作为教练的诠释呈现给客户做确认。

经验丰富的教练则可能会这样回放:"听起来你作为顾客似乎被忽视了,但你的耐心和坚持最终获得了回报。听到我这么说,你想到了什么?"

这个回放侧重于泰莎和她的性格特点,从而让她感觉到被倾听和被理解。

以客户为中心、有同理心的回放是有力量的。同时,跟进一个开放式问题,允许客户分享他们的想法。

"多管闲事"的好奇心与教练好奇心

在讨论如何有力地提问之前,区分"多管闲事"的好奇心与教练好奇心很重要。

"多管闲事"的好奇心是指你的提问更多的是为了满足你自己的利益,而不是客户的利益。当你对客户已经知道的事情产生好奇时,他们的回答只是为了你,并没有推动对话的发展。例如,"当你听到那个时说了什么?"——客户知道他们那时说了什么!教练好奇心的示例:"当你听到那个时,对你来说是什么样的?"这个问题的答案是客户还没有思考或表达过的,所以它会引出真正相关的信息。真正的教练好奇心指向的是客户的想法和感受,从而获得高度相关的信息,显著推动对话向前发展。

在教练对话中,你可能经常觉得自己需要更多的数据、更多的细节,才能更好地了解发生了什么。

> 你永远都不需要知道那些"背后的故事"——客户的历史信息或背景信息。

客户的开场故事几乎总会提供你需要的所有细节,即使有时候看起来并非如此。

其中一个例外情况可能是客户提供的信息不足,如"我正在考虑离职"。你不知道客户为什么突然有这个想法,也许你可以问:"是什么促使你最近有这个想法?"(请避免问"你能说多些吗")客户可能清楚也可能不清楚是什么促使他们这么说，但他们没有提供足够的信息来让你清楚地理解他们的情况。因此，这种情况是一个例外，你需要向客户了解更多。

现在，你明白了带着真正的教练好奇心提问意味着什么。下面来看看提出有力的问题的一些关键原则。

围绕"什么"展开提问

相比以"如何""怎样""为什么"为中心的提问，围绕"什么"展开提问往往会引出更多相关的信息，并防止客户陷入故事细节。你也许觉得凡事都围绕"什么"展开提问很疯狂，但我邀请你在否决这个提议之前先试一试。

> 围绕"什么"展开提问之所以如此有力，是因为它能够促进客户以新的方式去思考，而不是告诉你他们已经知道的事情。

围绕"什么"提出的问题是开放的、面向未来的。例如，"什么能够帮助你做出决定？""那对你来说意味着什么？""什么让这件事对你如此重要？"而关于"如何"或"多么"的问题通常会让客户给出具体的说明或方法。例如，"你会如何……""这有多么重要？"问这类问题容易让你陷入一些不必要的细节。以"为什么"为中心的问题则要求对方提供理由。例如，"你为什么会这么做？"对"为什么"问题的典型回答都是以"因为"开始的，往往涉及过去发生的事情，并且容易激发客户的防御心态，因为他们觉得自己好像需要解释这么做的原因。

我最早在 20 世纪 90 年代中期从劳拉·伯曼·福冈（Laura Berman Fortgang）那里学到有关以上提问的概念。她用的表述是"触达智慧的问题"，因为关于"什么"的问题能够引出客户的智慧。

一开始你会觉得围绕"什么"提问似乎有点别扭，但通过坚持练习，你会注意到客户的回答相比之前会有明显的差异，他们的回答更相关、更深入了。这样的提问方式同时适用于你在生活和工作中的对话。你可能不会每次提问都围绕"什么"展开，但如果能养成这种习惯，你会从客户的回答中发现教练效果的提升是立竿见影的。

> 你提出的每个问题都应该促使客户思考。

注意以下几个问题的区别。

- "你为什么选择这个大会？"

  客户的回答很可能会以"因为"开头，而且听起来很可能是带有防御性的。这个问题着眼于过去，听起来可能是在评判客户的做法。客户的回答可能是："因为这似乎对我的职业生涯来说很重要。"这个答案应该是你和客户都已经知晓的，所以它没有引出任何新的信息。

- "你是怎么选择这个大会的？"

  客户的回答很可能会涉及具体的方法："我看了所有的日程安排，这个会议是我唯一有时间参加的。"或者"我对演讲嘉宾们做了一些研究，我觉得这个大会会给我带来很多价值。"同样，这样的问题不会引出新的有用的信息，也不会推进对话向前发展。"如何"或"怎样"之类的问题更适用于临近对话尾声，尤其是当你想确定客户会如何采取行动以达成他们的目标的时候。

- "你希望从这个大会中获得什么？"

  客户对这个问题的回答将引出相关信息，让对话内容更深入，并且能促进客户进一步思考。例如，"我希望通过这个大会能结识一些人与我合作开展项目，搭建人脉，获得新客户、新信息，从而帮助我提高工作效率。"

> 当你对情况或故事提问时，客户会进一步陷入他们的情况或故事。只有询问关于客户自身的问题，你才能真正引发客户的思考。

提出开放式问题

教练最有价值的工作之一是提出有力的问题，推动对话向前发展。"你说的是什么意思？"这个问题或许是整场对话中最有价值的。如果提出的时机恰当，最简单的问题往往是最有力的。除了每个问题都要围绕"什么"展开，教练提出的问题都应该是开放式的。封闭式问题可能会招来一个简单的"是"或"否"的回答，然后你不得不快速考虑下一个问题。

> 教练不应该是对话中做思考的那个人。相反，教练应该提出开放式问题，促使客户思考。

请注意以下回答的差异。

问题：你认为这很重要吗？

回答：是的，有点重要/不是，并不是很重要。

问题：这对你来说有什么重要意义？

回答：它让我想起了前段时间发生的影响我生活的那件事情。当我想到那件事的时候，我意识到在目前这种情况下我真正需要做的是什么。

开放式问题比封闭式问题更有可能带来新的数据。而封闭式问题非但很少提供任何重要的数据，反而会迫使你（而不是客户）成为那个思考的人。

有的教练经常会对客户说："请再多说一点你的情况。"这个表述听起来有点像命令，通常会招来不相关的细节，也不会将对话向前推进。如果你真的觉得有必要获取更多信息，那么你可以问："关于这一点，你还有什么其他想说的？"至少这听起来更像一个邀请而不是命令。

那么，如何自发地提出开放式问题，并通过它获取有意义的信息呢？

为你的问题添加上下文

当你在教练对话中提出问题时，提供上下文往往很重要，否则问题可能听起来很突兀，也可能会被客户认为你在评判他们，或者让他们感到困惑。

下面分享一段好多年前的关于我的个人经历。

当时我正在和几个朋友度假，我注意到其中一个朋友叠毯子的方式很奇怪。我问他："你为什么要这样叠毯子？"他回答道："我讨厌你问这类问题！"我试图问他这句话是什么意思，但没有得到他的回应。于是我不得不放下他的这句评论，不再去想它。

那天晚上，当我和他正在进行一场有意义的对话时，他问道："玛莉安，你的内衣尺寸是多少？"我完全没想到他会问这种问题，便问他为什么在这个时候问我这种问题。他笑着回答说："这样你就知道被突然问到一个没有上下文的问题究竟是什么感觉了。"

在进行教练对话时，提供问题的来源或上下文非常重要。显然，在刚才的例子中，我的问题给人的感觉是评判性的，因为我没有提供上下文。假如我说的是："我对你叠毯子的方式很感兴趣。我从未见过有人这么叠。你是从哪里学的？"那么，我很可能会得到有意义的回应。

这次经历让我意识到，每个人脑海中都有很多事情，但在对话中往往没有提供足够的上下文，只是抛出一个问题，没有回放，没有主线，也没有体现与前面所说的内容的联系。

我把这种问题称为"裸"问题。有时候，提一个这样的问题是可以的，但大多数情况下，你的问题应该体现与客户所分享的内容之间的联系。

通过跟随来带领客户。换言之，用客户刚刚分享的内容引领你的下一个问题。在客户讲了好几句话或讲述了一个很长的故事后，教练往往会提出过于简化的问题，就好像他们没有真正地倾听一样，或者没有提供足够的上下文以便客户回答。跟随客户并不是只针对客户最后说的内容来提问，而是要针对客户所分享的核心内容或要点来提问。

例如，客户可能会说："我和同事闹得很不愉快。她似乎对我很生气，因为我当时正忙着完成自己的工作，没有去支持她的项目。现在我担心我们的关系出现了问题。"她的教练问的是："那你想怎么做？"而不是："你们每天一起工作，这样的关系有一定的重要性。那么，你想对此做什么？"后者提供了上下文，让客户更容易了解问题的含义。

还有一个指代不明的问题。客户可能会说："这份报告如此有挑战性，我都不知道该拿它怎么办了。它对我来说太难了。"教练问："是什么让你认为它如此有挑战性？"客户可能需要想一下："教练说的'它'是指什么？"要知道客户往往不太记得他们刚刚说过的话。

与其问"是什么让你认为它如此有挑战性"，不如问"是什么让你认为这份报告如此有挑战性"。这样你不仅提供了上下文（这份报告），还可能会引出更好的回应，供你收集数据。

问短而广的问题

在倾听时，你可能会产生一些想法，希望将所有这些想法都融入你的下一个问题中。但是，这与前面说的提供问题的上下文不同。这里特指问题所包括的内容。

例如，客户担心演讲的时长问题，如果教练问："你希望演示文稿比现在的更短还是更长？"这个问题让客户做"二选一"的选择。而你不能将客户束缚在选择上。相反，如果这个问题是完全开放和发人深省的，它应该听起来像这样："时长对你的演讲会有什么影响？"

问题也可能过于冗长，从而失去了原本应有的力量。比较一下这两个问题："当你向老板汇报项目并展示成果时，你希望对老板产生什么影响？""当你向老板汇报项目时，你期待产生什么影响？"你认为哪个问题更有可能为你提供有用的数据？如果问题过于冗长，客户很难记住你说的所有要点，从而更难做出回应。

很多时候，问题越不具体越好。这可以让客户用任何方式或从任何角度来回答你的问题。请看以下对比："对你来说，放弃艺术课和把这门课混过去，哪个比较好？""对你来说现在最应该做的是什么？"第二个问题是短而广且开放的，它没有提供狭窄的选项或方向。

安妮退休了，她结束了 25 年的数学教师生涯。她想实现职业生涯转变，成为一名理财师。于是她找我做她的教练。她说道："尽管我资历较深，却没有人邀请我面试，我觉得这是因为他们倾向于雇用男性。我听说在这个领域，女性的身份是个问题，但我真的不确定性别是不是这背后的原因。"

有的教练针对这类故事会提出以下问题。

- 是什么让你选择了理财师这个职业？
- 你怎么知道女性的身份在这个领域是个问题？

相反，当客户提出一个疑问时，你可以简单地向客户提问。例如："你在思考女性的身份是否是个问题，你怎么看呢？"这个问题短而广，无须你做任何思考，而且它把安妮的疑虑又抛回给她，因为她不确定性别是否是问题的关键。当安妮回应"你怎么看"时，可能会说："也许我没有想象中的那么有资历。"或者"也许数学教师的背景并不足以帮助我成为理财师。"等等。这个看似简单的问题可以促使安妮思考，除了性别，可能还有其他什么原因，而不是像前两个问题那样，要求她为自己的职业选择说明理由，或者为她的猜想提供证据。

教练的问题会无意间带有评判性或隐藏假设。例如，"对于这个问题，最让你烦恼的是什么？"这个问题假设客户感到很烦恼。相反，你可以问："如果有的话，对此最让你烦恼的是什么？"仅通过加上"如果有的话"这一表述，就会让客户感觉到你是没有带假设的。

最后，教练没有必要准备问题清单。最有力的提问也许就是在正确的时间问出最简单的问题。

避免堆叠问题

很多人会频繁地在提出一个问题之后便想到一个更好的问题或更好的表述方式，于是紧接着问一个新的问题："那是什么意思？你会做什么？你想到了什么？"这种问题被称为"堆叠问题"，而客户往往只听到了最后一个问题。

讽刺的是，第一个问题往往是最好的问题。即使你不喜欢自己提出的这个问题，也不要堆叠一个新的问题，而要接受原本的问题，等客户回答。这样客户可以更轻松地与你保持同一进度，共同探索，而不是迷失在你的问题里。要知道，客户其实区分不出什么是"很棒的问题"和"一般的问题"。

反思问题

- 随着你不断学习如何适当地在提问前进行回放，这将给你带来什么不同？
- 当你考虑是否为提出的问题提供上下文时，你会想到什么？
- 围绕"什么"展开提问可能会有什么让你感到棘手或不舒服的地方？

第 3 部分

教练对话的中间

第 6 章

不要轻易相信客户

> 我的生命中有许多看上去很吓人的事情,但大部分其实从来都没有发生过。
> ——米歇尔·德·蒙田(Michel de Montaigne)

作为教练,了解人类行为、识别对话背后的主题,以及直击最核心的部分,是很有帮助的。教练对话的中间包括贴近客户的真实情况,以及倾听客户不一致的地方和背后的信念。接下来的几章将探讨如何促进客户发生思维转变,以及如何与客户一起回顾对话进度。

第 5 章深入探讨了提问的艺术,现在将进一步介绍新的方法来打磨你的倾听技能。先从一个简单却不可思议的概念开始:不要轻易相信客户。

教练对话的解构

直击核心的教练思维模式

开端

(1)开场问题

(2)客户故事

(3)听完故事后提出的第一个问题

(4)对话合约

中间

(5)辨别真相和看法

（6）思维上的转变/改变

（7）回顾

结尾

（8）附加问题（可选）

（9）支持体系和资源

（10）结束对话并支持客户取得的结果

辨别真相和看法

一听到我说"不要轻易相信客户"，教练们往往会很吃惊。吃惊是正常的，因为客户一般不会说谎。他们告诉你的一切至少是他们眼里的真相。然而，随着对话的推进，教练往往会发现一些不一致的地方和客户话语背后的信息。原来客户最初讲述的故事只是真实情况的冰山一角。如果你回顾一下对话是从哪里开始的，以及是在哪里结束的，就会意识到客户最初讲述的故事里充斥着他们的看法，而不是客观事实。

当客户一直抱怨工作时，可能是他们的婚姻或其他方面出了问题，而工作只是他们内心更深层次痛苦中的一个体现而已。所以，找到真相才是后续所有对话的基础。

> 除非你挖掘到对客户来说最重要的真相，否则你只是为他们提供了一张创可贴。

卓越的教练知道生活是复杂的，也明白要一直精确地了解客户的需求是极具挑战性的。于是他们的教练宗旨不是帮助客户找到临时策略去应对眼前的问题，而是专注于更深入、永久及长远的视角转变。要想达到这一效果，就需要学会在看法中辨别真相。

客户告诉你的大部分内容都基于他们的看法。他们认为这些看法就是真相。但作为外部的、客观的观察者，你知道那些不一定是真实的情况，或者对客户来说不一定是唯一的真相。然而，如果一个客户说他的父母曾经天天虐待他，你就不需要怀疑"天天"是否有夸张的成分，而只需要明白他的童年很不幸就好。

你可以通过以下例子来学习如何从看法中辨别真相。我希望你能读两遍。读第一遍时，在笔记本上记录你认为真实发生的内容，即事实。再读一遍，看看究竟有多少是事实。

威尔今年 25 岁，在一次教练对话中，他说起过去 3 年他一直想进入当地的一支足球队。他说成为一名足球运动员是他一直以来的梦想，但是每次看似有希望的时候他都被拒绝了。他还说，虽然他的身体状况是球员中最好的，而且他比大多数球员跑得快，但教练就是不喜欢他。他说教练可能感觉他有威胁。

故事中的事实有哪些？

- 威尔 25 岁了。
- 他在过去 3 年里不断尝试申请加入当地的一支足球队。
- 他还没有成功加入。

除此之外，其他的内容都是威尔的看法。你并不知道他什么时候开始想成为足球运动员，与其他球员相比他的优劣势如何，以及那些足球教练究竟是如何看待他的。

每场对话中都可能充斥着大量的假设，作为教练，你可能会陷入其中并相信它们是真的。为了帮助客户合理地转变看问题的视角，你的提问只能利用已有的客观事实（且不能歪曲）。在威尔的例子中，你可以向威尔提出以下问题，并且不会让他觉得你在怀疑他。

- 如果这支足球队并不真正适合你，那怎么办？
- 如果这个机会并不能够发挥你真正的优势，那会怎样？
- 如果那些足球教练其实要的是具备某种特定性格的球员来更好地融入球队，而球技并不是他们最看重的，那你会怎么想？

在提问时你必须谨慎，既不要让威尔觉得你在质疑他，也不要试图说服他。例如，这个问题会让威尔感觉到你在质疑他："如果你的球技并不如你认为

第6章　不要轻易相信客户

的那样好，怎么办？"这个问题会显得你想说服他："是否有可能其实那些教练并没有不喜欢你？"

作为教练，你绝对不能相信客户对情况的解读就是唯一的真相。如果你陷入了客户的假设，把它当作真实的，过早地得出了结论，你就会困在客户的故事里，从而无法真正地帮助客户。这一点是你要极力避免的。只要对客户的想法和主意秉持怀疑的态度，你就更有可能了解真相，而不是客户对真相的解读。即使客户分享的内容确实是真实发生的，那也只是他们选择分享给你的内容（并不是全部真相）。

区分事实和看法非常重要。然而你必须尊重客户的分享，因为他们的看法对他们而言是真实存在的，你绝不能表现得不相信他们。相反，你需要通过提问来了解真实的情况，他们的看法是如何形成的，以及其他可能存在的情况。

斯坦经常在教练对话中分享他对工作的沮丧。他在一次对话开始时说："除非我能够处理好我的工作，否则聊我的个人挑战是没有意义的。"

如果你立即接受了他的这一观点，就可能会错过重要的信息，如他的工作与个人挑战之间的相似之处或关联性。

你越是秉持怀疑的态度，就越不会轻易相信客户说的一定是真相，这样你的教练水平就会越卓越。这与许多人在教练培训中所学的是相反的。但如果你仔细审视客户所说的内容，往往（当然并非所有）其中的看法要多于事实。

无意识的偏见可能是导致客户无法感知看法与真相之间的差异的另一个原因。几乎在每场对话中，你都会发现一些无意识的偏见。这些偏见导致了信念的形成。当你透过偏见看到客户的信念时，便可以帮助客户识别和改变这些信念。

你可能有过这样的经历：有些人向你抱怨某个人，而你对那个人的印象完全不同，因此客户的抱怨可能指向他们的偏见。例如，如果客户抱怨下属很懒惰，可能说明他们对懒惰有一些鲜明的信念。这时你可以向客户提问："懒惰对你意味着什么？"而不是对他们的抱怨照单全收。通过这种提问方式，你可以打开对客户信念的探索之门，而不是假设客户是对的，或者被他们的无意识偏见困住。

另外，在对话进入尾声时，你也需要秉持"不轻易相信客户"的原则。你可能会以为对话已经结束，或者你会询问客户："你觉得我们的对话可以结束在这里吗？"当他们回答"可以"时，他们可能会稍做停顿或露出犹豫的神色，或者他们的声音中可能夹杂着一丝不确定。

这便需要你秉持怀疑的精神，通过提问去发现对话是否真的可以结束了。每次对话都应以协作的方式结束，即你需要与客户确认，确保他们觉得可以结束了。

大多数人倾向于坚持对事实的某种解读。作为教练，带着这种倾向很不利于实现教练效果。将"不轻易相信客户"的原则与第5章中讨论的简单的开放式提问相结合，有助于打开客户的思维，并让他们看到其他可能性和解读。你会惊奇地发现，当客户不再执着于某种对他们没有帮助的解读时，他们就能够快速向前推进对话。

从直升机视角观察客户

作为教练，当你倾听客户时，最困难的事情之一是弄清楚到底发生了什么。细节永远很诱人，你和客户都可能会因为细节而偏离轨道，偏离事情的核心。归根结底，客户故事的核心在哪里？或者客户出于什么原因需要说这一切？

人们都是希望被倾听和被理解的。在教练对话中，这一需求体现为客户向教练描述他们的情况，提供例子来说明他们是如何得出某个观察、观点或结论的，尽管他们给出的细节并不一定能让教练更清楚地了解和理解他们的情况。由于客户对自己的故事有一套"推理"，所以他们不容易像旁观者那样能够精确地阐述实际发生的事情。他们相信自己所说的每句话、每个细节都是必要的和相关的。

当你关注客户真正重要的方面，即他们的行为和感受，而不是聚焦于那些让客户陷入困境的各种细节时，教练对话就会变得有意义。当你懂得如何倾听客户的言外之意及了解事情的全貌时，故事中的细节就会变得无关紧要。

要做到关注客户而不是故事，其中一个简单的方法是使用"直升机视角"。

第6章　不要轻易相信客户

- 你会如何描述直升机盘旋在空中观察地面情况的场景呢？
- 一名交通记者又是如何坐在直升机上报道他所看到的地面的情况呢？

"坐在直升机上"报道意味着你要站在比客户的故事更高的位置，尽可能看到事情的全貌。利用这个有利的视角，你可以纵览事情的全貌，发现对话中呈现出的关于客户的模式或主题。你可以选择何时近距离盘旋和观察客户卡住的地方：是什么思维造成了眼前的混乱或矛盾？有哪些想法妨碍了他们前进？了解了这些之后，你可以上升到一个更高的位置，避免因陷入细节而分心。直升机视角让你更容易确定实际发生了什么，以及故事的哪些方面是真正相关且有意义的。

交通记者需要观察大局，这样才能够简要地报道情况，让人们立即了解哪里发生了事故。如果 101 号高速公路上发生了事故，交通记者通常会报道右侧车道发生了碰撞，导致车辆向中央和左侧移动，或者报道中间车道发生了碰撞，造成了数千米的堵塞，大家要避开 101 号高速公路，选择其他路线。你应该从未听过交通记者像下面这样描述事故现场情况。

> 一辆载有 4 名乘客的红色 SUV 在 101 号公路的右侧车道与一辆蓝色皮卡发生了碰撞。皮卡装有家具，车牌号××××，轮胎瘪了，车身严重凹陷。看起来皮卡需要被拖走，SUV 里的其中一名乘客受了伤。

直升机视角使教练能够做到以下两点。

- 关注客户本身，而不是关注他们的处境或故事中的任何其他人。
- 避免被那些不相关的细节吸引而分散注意力。

假设客户说他的妻子身体不适，必须去医院，他需要向公司请假。对此，典型的回应可能是："吉姆，很抱歉听到这个消息。希望她没事。知道是什么病情吗？"然而，如果你问自己："他为什么要告诉我这些？"就会发现，他可能真的担心妻子的健康和对子女的影响，以及该如何独立照顾他们。或者他害怕因为要照顾妻子而不得不减少工作量，从而影响他的收入。如果你对吉姆的焦虑及他将如何履行自己的职责没有全面的了解，那么吉姆那句简单的分享背后的顾虑就可能会被忽略或被误解。

在这个例子中，卓越的教练会避免询问吉姆妻子的病情细节。因为是否分享妻子的病情细节是吉姆的自由。通过直升机视角，你可以帮助吉姆探索他的开场白背后的感受和想法，这样你才能做到真正将注意力集中在客户身上。

朱迪在对话开始时说："我很难过。无论我跟上司解释多少遍，他分派新项目给我时总是不告诉我他的预期，这让我很抓狂，但他依然这样。就在几天前，他丢给我一个庞大而复杂的项目。他没有解释项目的背景，也没有确保我已经理解了他的预期，而是发了一个简短的消息说：'你需要在周二之前完成这个项目。我很忙，没有时间，所以请尽力而为。'"

朱迪这样的情况会诱惑你想帮助她"解决"问题，找到最佳解决方案。于是你一开始可能会倾向于问："你希望他（你老板）做什么？"这个提问关注的是故事中的"另一个人"，而不是朱迪。另一个典型的提问可能是："这个项目是否与你以前做过的有相似性？是否可以借鉴过去的成功经验？"这个提问则会导致客户分享更多细节和故事。以上提问都没有直击真正的问题。无论朱迪的上司做了什么或以前做过什么，朱迪都需要找到办法来解决她的卡点，让她要么能够继续从事这份工作而不会感到难受，要么能够选择离开。虽然她上司的管理能力可能确实有待提升，但他不应该是教练对话的核心。

在这个例子中，直升机视角是这样的：朱迪在工作中很不开心，因为她的上司没有改变，而朱迪必须决定做些什么。你不需要任何关于那个项目的信息，也不需要知道朱迪跟上司说了什么。记住，这场对话的关注点是朱迪和她接下来想做的事情——不是她的上司，也不是那些项目。

回到直升机视角

在教练过程中，陷入客户的故事是很常见的。直升机视角需要不断练习才能掌握。当你注意到自己已经陷入了细节，或者注意力已经偏离客户时，你可

第6章 不要轻易相信客户

以重新聚焦。下面是一些帮助你回到直升机视角的方法。

- 向客户回放你听到的内容，并针对客户本身（而非他们的情况或故事）进行提问。
- 留意客户的情绪。虽然你不能沉浸在客户的感受或情绪中，但识别客户的情绪非常有用，因为当客户最终发生转变时，一定伴有情绪变化，如沮丧、烦恼、困惑、失望、不知所措等。识别这些情绪对教练对话很有帮助。
- 请将第3章讨论的两个关键问题铭记于心："他们为什么要告诉我这些？""是什么让这个问题对客户而言是个问题？"

有时，你的想法、疑虑和困惑会让你分心。当你留意到这些想法时，请把你的注意力再次放回客户身上。随着你运用这些促成蜕变的技巧而获得了更多的经验，这样的干扰和疑虑会逐步减少。

通过保持直升机视角而不受细节影响，你能够更快地了解重要的真相，帮助客户获得新的视角。

到目前为止，你已经了解了辨别真相与看法的一些基本要素。第7章将深入探讨如何进一步识别和利用真相来进行教练对话。

反思问题

- 如果你不对客户最初的观点照单全收，会有什么不同？
- 如何提醒自己保持"直升机"视角，避免陷入故事细节？
- 当你能够分辨真相和看法时，可能会发生什么变化？

第7章 理解人类行为模式

> 经营关系就好比建房子。如果你把过去关系中的砖块带到新的关系建设中,那么你将建造一栋与之前一模一样的房子。
>
> ——某网站

随着客户深入到他们的故事中,作为教练,你需要保持一个广阔的、高于眼前的故事本身的视角。要做到这一点,你需要理解人类的行为模式。这能够使你识别各种模式,更快地到达客户故事的核心。

在本章,你将了解一种非常有力的、以人类行为为基本原则的方法。它被称为"结构性统一™"。它是由心理治疗师兼教练托尼·A.科克兰德(Tony A. Kirkland)在20世纪90年代初创建并推广的,旨在更深入地理解人类行为。托尼许可我在本书中分享相关信息。该方法对我和我的学生们的教练工作起到了非常有力且关键的作用。

直击核心的教练方法旨在了解客户的事实。为了让客户能够以他们想要的方式创造自己的生活,他们必须了解实现这一目标需要什么,以及妨碍他们前进的因素是什么。结构性统一可以让你更好地帮助客户将他们的意图与行动保持一致,从而取得显著的进展。

结构性统一指的是真相、愿景、目的和灵性这 4 个要素的统一。当四者统一时,客户就不会感觉到有任何内在矛盾,进而能够朝着目标前进。然而,当其中任何一个要素没有和其他几个统一时,客户就会感觉到内在矛盾或遇到卡点。结构性统一在揭示客户的思维和行为模式的同时,还可以帮助他们改变对世界和自己的看法。当你理解结构性统一时，就能够避免陷入客户的故事中，从而避免讨论暂时性的解决方案。你能够将注意力完全集中在客户身上，帮助他们实现长期或永久的视角转变，从而让他们活出真实的自己。

结构性统一不是一张问题清单，告诉你"先问这个问题，然后问那个问题"，而是为你提供了一个框架来帮助客户了解自己，使他们更加清楚内心的真相，并改变他们的习惯性思维和行为模式。相比那些问客户想达成什么，然后直奔客户陈述的目标，探讨行动方案的方式，这种探讨的方式所带来的效果要更加强大和可持续。

结构性统一能够促成长期的视角转变，它是理解人类行为和实现精湛教练技术的一种较为深刻的方法。一旦客户发生这种转变，他们就能够独立、充满信心地设计后续步骤。

结构性统一的四要素

结构性统一的四要素如图 7-1 所示。

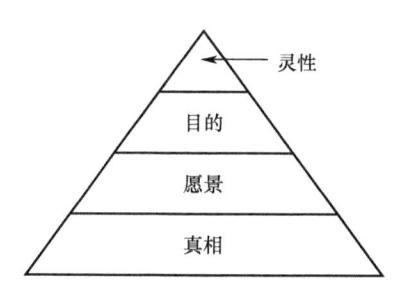

图 7-1 结构性统一的四要素

在结构性统一的四要素中，每个要素之间都互相统一，这样才能使人们创造并过上真实且满意的生活。当客户呈现其所面临的挑战时，其中往往有一个或多个要素没有与其他要素统一。下面是这四要素的定义。

（1）真相。真相即现实，是实现愿景的必要基础。

（2）愿景。愿景是有关未来的一个大致的概念或观点，或者是对于制订一项计划或达成一项意图的目标或愿望；它是对未来的展望，为当下的决策和行动提供基础。

（3）目的。目的指的是做某些事情的原因，它是被一个令人信服的理由驱动的愿景。

（4）灵性。灵性与物质或实体形成对比，它是一个人的精神或灵魂。它是真正的内在平静，达成了身体和精神之间的和谐。灵性有时被称为"真我"。因此，真我必须与目的、愿景和真相统一。

当你理解了每个要素，并了解了这些要素统一的重要性之后，这个框架将帮助你理解阻碍客户达成目标的东西是什么。下面将更深入地探讨每个要素。

真相

真正对我们造成伤害的不是那些我们不知道的东西。真正伤害我们的是那些我们认为是真相，结果却不是的东西。

——梅洛迪·贝蒂（Melody Beattie）

出色的教练不需要一个特定的提示或预先构思好的有力问题。相反，找到客户的真相才是精湛的教练技术的体现。

真相是结构性统一的基石，也是最难明确的。因此，教练对话的大部分时间应该用在明确客户的真相上。

客户声称的目标未必是他们的真相。这背后可能夹杂着客户的恐惧、错误的认知，以及一些妨碍他们达成目标的基本信念。例如，客户说他总是感到自己被忽视，他想成为公司的 CEO。教练在探索后发现，他的基本信念是"CEO是孤独的，他们没有时间与家人相处，并且肩负很多责任"。除非这些基本信念得到认真的审视，否则这个"成为公司的 CEO"的目标是没有意义的。因为客户每向前迈出一步，就可能会因为这些信念而后退几步。与其向着成为 CEO 的目标挺进，客户可能更愿意忍受当前的痛苦。客户的目标中往往夹杂着他们的恐惧和一些消极的基本信念。

第 7 章 理解人类行为模式

如果你随便问一个人："什么会让你幸福？" 可以想象大多数人会回答："我想赚很多钱，这样我就可以做任何想做的事，而不必有后顾之忧。"听到这样的陈述，有的教练会立即相信客户确实需要很多钱，于是开始制定实现这一目标的策略，而没有去探索客户的真相。

带着对结构性统一的认识进行教练对话时，你会不断审视客户陈述的真实性，直到发现金钱可能只是体现客户愿望的方式之一。他们内心深处真正想要的是自由的感觉和能够做出更好的选择的能力。如果你无法弄清楚客户究竟想通过实现愿望来拥有什么样的体验，而仅停留在对愿望的浅层探讨上，那么你只能满足客户表层的目标，而没有真正地解决他们愿望背后的根本问题。这样客户也不会对你的教练服务感到真正的满意。然而，一旦你了解了客户真正希望拥有的体验，就可以审视那些能够让客户感到幸福和满足的各种途径。而客户一开始陈述的目标（如赚很多钱）就不一定是唯一的途径了。

> 我的客户梅兰妮刚好也是一名专业教练。有一次，她谈起了她已成年的女儿和女儿的男朋友。她起初声称，她想告诉女儿她的男朋友不是一个值得交往的人，还列举了几个例子。她觉得需要找一个机会与女儿交谈，并说出她的观点。事实上，当审视真相时，我发现这一切其实反映了梅兰妮自己的恐惧，以及她对女儿寄予的希望和梦想。她害怕女儿无法收获幸福。这和她女儿男朋友的特质与性格毫无关系，而是关乎她和女儿的关系，以及她在女儿身上寄予的期望。这场不到30分钟的对话使梅兰妮完全改变了她起初的想法。她意识到女儿男朋友的因素干扰了她对真实情况的觉察。

在对话中，客户往往想关注他们认为有问题的人物。例如，梅兰妮认为她女儿或女儿的男朋友有问题。事实上，真正带着问题的人是客户本身，而不是他们故事里的其他人。换言之，梅兰妮是那个带着问题的人，而不是她女儿。

帮助客户发现他们深层次的真相能够为他们将来实现有力的转变提供清晰的认知。为了克服因客户的愿景与真相的不一致所带来的挑战和困难，教练需要把重心放在探索客户的真相上，而教练的本职工作就是帮助客户发现这些不一致的地方。

客户想要的体验——真相的组成部分

你永远也无法替他人决定他们人生的可能性。很多教练倾向于认为一切皆有可能，但客户声称的目标可能是不合逻辑或不切实际的。教练想相信他们的客户能够胜任一切，因此他们倾向于对客户提出的目标说："好的，让我们一起去达成它。"发现客户的真相的一个重要元素是识别客户想要的体验是什么。因此，你首先应该探索的是客户想要的体验，而不是他们想要的展现方式。

例如，我真的不会唱歌。我五音不全，唱歌总是跑调，无法区分高音和低音。假设我是一名客户，我也许会说："我真的不擅长唱歌。"但我很可能不会直白地告诉你："我实在不会唱歌。"假设尽管如此，我依然聘请了一名教练来帮助我实现成为歌剧歌手的梦想。我和教练再怎么努力，达成这一目标的可能性也微乎其微，因为这一目标对我来说是不现实的，它不符合我的真相。但是，如果教练帮助我更深入地挖掘我期待的结果，我可能会发现一些重要的信息。重要的是找出我想要的体验——我为什么需要成为歌剧歌手？

"通过成为一名歌剧歌手，你希望得到什么样的体验？"这个问题能够让教练定位客户的真相。也许我真正想体验的是获得别人的关注和赞美，以及在舞台上获得掌声和那种觉得自己很特别的感觉。那么，要获得这种体验，更符合我的实际情况（也更容易实现）的方式可能是公开演讲、教学或引导活动。

愿景

没有行动的愿景是幻想。没有愿景的行动是混乱。

——迈克尔·伯纳德·贝克维思（Michael Bernard Beckwith）

结构性统一的第二个要素是愿景。愿景是人们对自己所向往的生活的大致描绘。例如，"我希望组建自己的家庭，有两三个孩子，拥有美满的婚姻，生活在湖边的房子里，并且有一份能够让我真正感到满足的副业。"

第7章 理解人类行为模式

客户的目标对教练过程固然重要，但是，当你把客户当作"全人"来看待时，设立目标不一定是取得结果的最佳方式。每当你完成清单上的一个目标时，就把它画去，并对自己说："好吧，又到了制定新目标的时候。"相比之下，愿景有一定的灵活性，因为它比目标更大、更广。愿景包含客户想要的一切，他们实现想要的东西的方法，这些东西看上去、感受上是什么样的，以及达成愿景对他们意味着什么。例如，一名客户的愿景听上去可能是这样的："我想在一家大公司工作，拥有一个充满爱的家庭。"然而随着时间的推移，客户又意识到他想成为一名企业家。愿景是灵活的，而不是一成不变的。

愿景描绘了一个大致的画面。如果它足够有吸引力，就会牵引客户向前迈进。反之，如果愿景不够有吸引力，客户可能就不会向前迈进。同时，如果愿景足够有吸引力，还能提醒客户他们的初心。

作为教练，你需要知道客户最终想要的是什么，以及他们的愿景是否符合他们的实际情况。当一位年过70岁的客户说他想学医，成为一名医生时，这一愿景可能不符合他的实际情况，所以可能不会达成。要确定客户的愿景与他们的真相的一致性，必须把客户看成一个"全人"，而不是只关注他们的处境。

客户经常将他们真正想要的体验与这种体验的表现方式混淆。

安德鲁说："我想休假一年用来旅行。"这听起来像一个目标。随着我的提问和回放，我发现原来他想体验自由的感觉，而他认为旅行是感受自由的唯一途径。

当我与安德鲁讨论旅行意味着需要经常搬家、整理行李，并且不能经常与朋友和家人见面时，他意识到这个旅行的目标有点不太对劲。他过去旅行的时间都不长，但每次都能让他的工作压力得到释放。原来缓解压力才是他真正想要的体验，而不是在不同的酒店住上一年。如果我盲目地接受客户的目标是能够旅行一年，那么不久之后，他会感到不满意，也许还会感到失望。显然，还有其他方式来让安德鲁体验自由的感觉。

目的

人生中最重要的两天是你出生的那一天，以及你找到人生目的的那一天。

——马克·吐温（Mark Twain）

结构性统一的第三个要素是目的。发掘你的目的指的是发现你为什么要活在这个世界上，你的天赋是什么，以及你的人生使命是什么。

每个人都想找到自己生活的意义。有些人认为意义是他们为这个世界留下的遗产或独特的贡献。虽然不同人的表达可能有所不同，但每个人都渴望过上有意义的生活。

没有目的，人们就会盲目地徘徊。相反，当你为一个更高的目的做出贡献时，你就会感到满足。当人们从事着对他们来说没有意义的工作时，他们每天都在挣扎，因为这份工作与他们真正的人生目的不一致。想一想你身边的那些积极投入生活且有满足感的人，你会发现他们的生活都是有目的的。

就像我在本书开头讲述的个人蜕变故事，那时，我意识到我的人生目的是与他人分享我的知识和经验。发现你的人生目的的一种方法是问你自己：是什么让我对他人来说很特别？他们欣赏我什么？在许多情况下，这些问题的答案就是你（或你的客户）的目的。

目的反过来又必须与愿景和真相保持一致。如果你的愿景与真相保持一致，并且源于你的人生目的，那么你会感到生活顺利且充实。

如果你发现客户没有取得进展，但他们的愿景符合他们的真实情况，那么你可能需要探索客户的人生目的，因为客户的愿景、真相与目的可能存在不一致的情况。

当目的与愿景或真相不一致时，可能会出现以下情况。

德怀特一直计划成为一名律师。他上了当地最好的法学院，且事业非常成功。但是在内心深处，他知道目前的生活并不是他想要的。他真正渴望的是到世界各地旅行，到其他国家教书，并帮助穷人。然而这种想法过于不切实际，因为他需要养家糊口。

尽管德怀特的事业非常成功，但这样的成功与他的人生目的并不符合。当客户的心不在某些东西上时，他们就会有未被满足的愿望，或者会感到不满足。这些都是他们目的缺失的线索。在这个例子中，德怀特需要找到办法来调和他内心的真相与目前的生活之间的矛盾，从而创造一个新的愿景，以符合他为穷人服务的目的。通过教练对话，他对自己的法律业务方向做出了调整，专门为法律体系中那些处境不利的受害者提供服务。

灵性

结构性统一的顶层是"真我"。这意味着去除自我中心，不受经验、历史、环境或角色的影响。当你的"真我"与你的目的、愿景和真相保持一致时，你将收获最美妙的人生。

灵性即"真我"——超越任何有形、物质或实体的东西。这是人们表达崇高的自我和体会深刻归属感的一种方式。灵性最纯净的表现形式是一种完整感和真正的平静感。它被比自我更伟大的东西所引导和联系。在寻找教练支持时，客户不一定会意识到一个潜在的、更令人满足的现实。

有的客户在前三个要素上做到了保持一致，但缺乏与他们的"真我"保持一致，这会给他人带来伤害。历史上一些恶劣的暴行源于一些人对另一些人的不容忍这一真相，同时源于施暴者所拥有的关于如何对待他人的愿景，以及一种根深蒂固的目的：他们认为自己在做对的事情。他们在前三个要素上的一致性使他们在实现自己的愿望方面取得了相当的成功。而灵性层面一致性的缺失最终导致了这些愿望的失败，并在过程中给他人造成了巨大的伤害。

在结构性一致中，灵性层面的一致性意味着客户正在努力实现的一切都需要植根于仁慈、关爱、连接和慷慨的品质。如果做到了这些，那么成功就很容易维持，并且会对每个人都有利。如果你注意到客户的愿望可能会给他人带来伤害，或者根植于一些恶意或愤怒，那么继续进行教练对话显然是不合适的。这种可能性在教练过程中是极小的。

除了达到真相、愿景、目的和灵性上的一致，教练的另一个重要方面是理解人类行为，以及这些行为模式在客户身上的体现。学习第8章时，请牢记结构性统一。你会发现，这样能让你更容易保持全局视角，而不被细节所困。

反思问题

- 熟悉结构性统一对你的教练工作会有什么影响？
- 关于目标和愿景之间的区别，令你感兴趣的是什么？
- 客户真正想要的体验可能会超越他们设想的实现方式。了解这一点会对你有什么影响？

第 8 章
通过 22 个主题掌握对话精髓

>   成长是痛苦的。改变也是痛苦的。但没有什么比困在你不属于的地方更令人痛苦的了。
>
>   ——佚名

文学作品和电影中经常出现一些大家很熟悉的主题，如罪犯是没有好下场的、成长是必经的过程、历经艰险方可取得成功、爱可以征服一切等。正如每个故事都有主题一样，教练对话也有主题。教练对话的主题体现在客户思考他们的人生、挑战和愿望的整体方式上。每次教练对话至少会出现一个主题。

当你认识到教练对话的主题是什么时，你就会确切地知道需要做些什么来帮助客户产生深刻而永久的看法上的转变。无论你是新手教练还是经验丰富的教练，识别教练对话的主题都能够让你避免陷入客户故事的细节，从而直击核心，帮助客户永久地转变思维。

当客户描述他们的情况时，他们实际上在传达什么样的人生信念呢？主题通常从客户的行动、言语和想法中表达出来。卓越的教练会迅速越过客户的故事，直奔故事背后折射出来的主题。

本章介绍了教练对话中常见的 22 个主题。这些主题有助于你针对客户本身进行提问，而不是围绕他们的处境提问。

很多人喜欢关注故事的细节和其中的事件，它们也被称为"故事情节"。区分故事情节（什么）和讲述故事的人（谁）至关重要。教练经常会被客户的故事情节迷惑。毕竟故事里有很多有趣的细节。因此，要绕过故事情节从而专注于主题是需要一定的技巧和练习的。

当基于主题来理解和思考时，你根本无须做很多笔记，因为与驱动客户行为的重要信念相比，那些故事细节显得微不足道。

亚历克斯在教练对话一开始描述了 3 个看似不相关的事项：①他的女儿搬到外省去了；②他在为退休做准备；③他和妻子正在办理离婚手续。三者之间可能有什么共同点？

我们识别出三者有一个共同的主题或共同点，那就是丧失（或被遗弃）。这使亚历克斯在不需要分享任何细节的前提下就感到被理解和宽慰。如果教练一开始就这 3 个事项中的任何一个进行单独提问，就无法给亚历克斯带来什么帮助，因为这些事项都是相关的，且体现了同一个主题。同时，与亚历克斯进行教练对话也能让他辨别什么在他掌控之中和什么不在他掌控之中。

对主题的觉察可以让你的提问方式发生蜕变，并有助于客户创造蜕变式转变（而非表面上的改变）。这样你就能够用快速、高效的方式来了解客户所传达的内容的本质。当你阅读本章时，不要试图将每个主题背下来，你只需将它们放在心里，并将它们与你进行过的教练对话联系起来。随着时间的推移，你会更快地在对话中识别它们。

表 8-1 将这 22 个主题分为 4 个类别：珍贵洞见、自我赋能、建立连接和消除障碍。每组包含了体现该类别的几个主题。下文将详细介绍所有主题。

表 8-1　教练对话中常见的 22 个主题

珍贵洞见	建立连接
选择障碍	被遗弃（害怕失去）
对结果和期待的执念	孤立
活在儿时的信念中	权威/受害者
非此即彼（黑白思维）	边界
问题如影随形	保姆/讨好别人
	孤狼
自我赋能	消除障碍
活出真我	忽视直觉
去五金店买牛奶	不在当下
许可	追求完美与掌控感
对号入座	策略僵化
未被满足的需求	以管窥天
希望事情不同于现实	

第8章 通过22个主题掌握对话精髓

当你通读不同的主题时，想一想识别这些主题将如何为你生成问题，以及如何帮助你停留在直升机视角而不陷入细节。对于每个主题，我都会针对性地介绍具体的教练方法。

自尊[①]——所有主题的根源

> 恨他人是丑恶的。恨自己则更丑。
>
> ——赫洛瓦特（Hlovate）

在讨论表 8-1 中的主题之前，先来探索所有这些主题背后的主题——自尊。

客户面临的所有挑战的底层原因几乎都和一定程度的自我价值的降低有关。那些挣扎或冲突都只是表征。每个主题的背后都和自尊问题或客户如何看待自己有关。无论客户当前的处境有多不同——从关系冲突到努力晋升或设定明确的边界，其所面临的挑战的根源似乎始终都是自尊问题。

教练通常不会在教练过程中直接剖析自尊问题，但教练过程往往能起到提升客户自尊的效果。当你帮助客户感受到了内心的力量，做出了更好的选择，提升了自我认知，满足了自己的需求，并践行了自己的价值观，你实际上就是在帮助他们提升自尊。

> 许多看似不同的行为背后其实都基于这样一种信念：我们觉得自己不够优秀。于是，我们自然而然地会掩饰真实的自己，犹如戴着面具，而忘了自己才是真正的宝石。

以下行为是缺乏自尊的表现。当你发现客户展现这些行为时，说明这场对话很可能是关于自尊主题的。

- 认为自己配不上或不够好。他们最终相信了脑海里盘旋的声音。那些声

[①] 在本书英文版中作者使用的是"self-esteem"一词，该词的意思是个体对自己的价值、能力和自信心的评价与感受。美国心理学家纳撒尼尔·布兰登在《自尊的六大支柱》一书中将 self-esteem 拆解为自信和自爱两部分。由于在中文语境下人们有时会将"自尊""自尊心"与"面子"联系起来，故带有贬义成分，此处特意说明，以作区分。

音不断地告诉他们:"你还不够好。""你懂得不够多。""那是给别人的,而你不配。""你不可能取得那样的成功。""你没有好运气,别尝试了。"一个相应的比喻是:其他人都去参加聚会了,而你选择了留在家里,但又希望自己也能去。

- 过度找补。他们在试图纠正或弥补错误、弱点或问题时,行为容易过度。例如,父母中的一方认为另一方对待孩子太严格或太宽松,想纠正这一问题,却走向了另一个极端。
- 通过为别人提供帮助来让自己感觉更好。虽然为他人做一些事是好的,但有时这一行为的动机是让自己感觉更好,而不是单纯地帮助他人。
- 在不应该妥协的事情上妥协。他们可能会为了取悦他人而放弃自己的想法或价值。
- 陷入或留在"有毒"的关系中。无论是与同事、朋友、还是配偶之间的"有毒"关系,都会伤害人们的自尊。然而,由于他们低估了自己的价值,因此他们会合理化这样的关系,认为这是可以接受的。
- 容忍不可接受的行为。因为他们认为自己不够好,所以能够容忍别人刻薄的言语或不恰当的行为。他们任由他人利用自己,而这通常是出于他们想让自己陷在痛苦中这一微妙的潜在原因。他们可能认为自己会因此得到关注或感受到重要性。或者说,感觉自怜或伤心对他们来说也许是更熟悉、更舒服的状态。他们不相信自己应该得到好的对待。
- 不会通过与他人设定和保持良好的边界来保护自己。他们不会通过设定边界来告诉别人可以对自己做什么,以及不可以对自己做什么。即使设定了边界,他们也会退缩或容忍不该有的行为。
- 不会主动索取他们想要的东西。因为他们认为自己不值得拥有好的东西或更好的生活,所以他们不主动索取。
- 自我责备。在自我责备上,他们比任何人都"更胜一筹",因为他们总觉得自己失败了,即使是一个很小的、能够被理解的错误。而且他们对此保持沉默,担心自己是错的或听起来很愚蠢。

- 对自己和他人要求完美。当不能做到完美时，他们会很难受，无法接受现实。或者，为了让自己感觉好一些，他们会寻找他人的过失，而这种方法并不能从根本上解决他们自身的问题。
- 关注负面的东西。他们认为别人的生活比他们的更美好或更重要。他们总是拿自己的生活与他人做比较，而不是关注自己已经拥有的美好的东西。一个微小的负面评论可能会永远地留在他们的记忆中，而那些赞美和表扬却被他们忽视了。
- 往往会默默地忍受。当需要表达自己的需求时，他们却有所保留，因为他们认为自己配不上。
- 不认可自己的才华和天赋。他们觉得自己带给这个世界的贡献是微不足道的或无关紧要的。

需要记住的一点是：向客户提及你所观察到的主题并不总是恰当的。类似"我看到你有一个自尊的主题"这样的说法会让客户感觉你是漠然的或不够善解人意。然而，根据客户的开放程度和他们展现的主题，有时指出某个主题并与客户分享也是合理的，因为这样做可以帮助解答为什么他们的行为不支持他们想要的东西。

教练方法：针对以上每种行为，你都可以指出自己观察到的情况并向客户提问。例如，温迪抱怨与丈夫待在一起的时间很少，但她从没有与丈夫讨论过这一愿望。作为教练，你可能会有这样一种感觉，就是她不觉得她可以得到她想要的东西，因此她选择了沉默。这时，你可以分享你所感知到的，并提问："是什么在阻止你得到你想要的东西？"

珍贵洞见

该类别中的每个主题都有助于人们更好地觉察自己的行为和思维，从而向前迈进。

选择障碍

> 当你做出选择时，你就改变了未来。
>
> ——狄巴克·乔布拉（Deepak Chopra）

这个主题表现为人们无法下定决心或做出决定，因为他们在权衡利弊中迷失了方向。

"如果我这样做，我就会失去那个。但如果我那样做，我又会错过这个。"他们不断地试图弄清楚该走哪条路，该做什么决定。

选择障碍在最寻常的情况下都能看到，如在菜单上的两道菜之间做决定。它也表现在一些重大的方面，如在两条职业道路之间做出选择。尽管有人觉得自己一旦做出一个选择，就会失去或错过一些东西，但真实情况很可能不是这样。

唯一的损失是内心无尽的挣扎："我到底该不该……""我应该买什么颜色的……""我应该投票给谁？"最终流逝的是他们的时间和精力。有选择障碍的人总是处于模糊不清和不确定的状态，无法做出决定。

客户害怕一旦做出错误的决定，就会发生他们不想看到的事情。这种恐惧是这一主题的问题核心。

> 艾琳购物时总是决定不了买什么。她经常把同一款上衣的两个颜色或同一种颜色的两个尺寸买回家。最终，她总是得退还一两件。她大部分时间都是在困惑和不确定之中度过的。她还经常为自己做出的决定感到后悔，并且一直有一种被困住的感觉。

> 山姆计划出国拜访朋友。他拖延了很久，因为他无法下定决心何时请假。他觉得如果再等一等，机票价格可能会便宜点。尽管事实证明确实是这样，但等到他做出决定并提出休假申请时，已经太晚了。山姆浪费了很多时间，最终承担了后果。

教练方法：当你发现客户有选择障碍时，可以考虑问以下问题来帮助他们意识到拖延的潜在后果。例如，"如果不做决定，你可能会错过什么？""不做决定的话，可能会有什么潜在的后果？""什么可以帮助你做出决定？""如果不存在错误的决定，会怎样？""是什么让你无法做出决定？"当人们陷入选择障碍时，你可以向他们描绘其中一个选项的利与弊，这个方法尤其有用（详情请参阅第 13 章）。

对结果和期待的执念

当情况不如我们所料的那样时，只有愿意放下手头的计划，才能迎接等待着我们的生活。

——约瑟夫·坎贝尔（Joseph Campbell）

很多人错误地认为，只要有期待，就可以控制事情的发展。而现实是，人们能够掌控的只是当下。越早帮助客户认识到事情并非总能按计划进行，客户就能越早地减少压力、不适、愤怒和焦虑。

一个人对结果的执念体现为他们想看到并坚信事情一定会按照他们期待的样子发展。可惜情况往往并非如此。

人们潜在的恐惧是，他们的期待不会实现，从而感到失望。为了掩盖这一恐惧，人们计划每个细节，试图掌控接下来的每一步，而不是坦然接受所发生的事情并从中学习。

然而，期待只是人们脑海中的产物而已。对于某件事接下来可能会多么成功或多么糟糕，人们形成了一些想法或故事。但它毕竟还没有发生，所以人们不可能知道结果。尽管事情还没有发生，但是好或坏的想法已经形成了。

你有多少次计划并想象过事情会如何发展，却被一些突如其来的情况打断了计划？典型的会让客户感到失望或惊讶的挑战包括以下几个。

- 他们意识到对自己的职业没有真正的热情，想做出改变。
- 他们热爱自己的工作，但有一天得知自己被解雇了。
- 结婚几年后，他们意识到这一切并不像他们希望的那样。

当客户对某个特定的结果产生执念时，他们会错过"过程"或当下发生的事情。如果用一个比喻来描绘这个主题的话，就像一个人在登山的时候总是想着山顶有什么，因而忘记了欣赏沿途的风光。

尼尔计划大学毕业后立即搬到另一个城市寻找对口的工作。然而，他刚毕业就得了场重病。于是，他心心念念的计划不得不搁置。他从来没想过事情会这样。他的教练帮助他明白了一点，他应该接受自己的处境，在重启他的计划之前，好好把握当下。

当计划失败或被迫改变时，很多人会感到失望、幻想破灭。对此，他们的反应可能是责怪他人，感到害怕，或者因为事情未能成功而充满愤怒。但是，计划只是意图，并不能保证产出特定的结果。

教练方法：从定义上看，期待其实是假想，是人们在脑海中所期望的事情发展的样子。当客户被自己的期待所牵绊，进而妨碍他们眼前的生活时，你可以问："当前真实发生的是什么？"

你也可以问："在明知道事情可能会发生也可能不会发生的情况下，仍然盼望看到一个特定的结果，这样做的代价是什么？"下面这个比喻可能会有所帮助：一个住在城里的女孩渴望收到一只小羊作为她的生日礼物。

活在儿时的信念中

没有人能进入你的头脑，因为你是它唯一的掌控者。

——佚名

在现实生活中，仍有一些成年人相信他们儿时从父母、老师、辅导员等那里接收到的信息。当人们还是孩子时，会主动接受关于自己的负面信息，将其当成事实，认为错的是自己。遗憾的是，很多人在成年后仍然相信这些信息（有时可能是下意识地相信）。具有讽刺意味的是，那些发表评论的人早已忘了他们说过的话，而被评论者还在被那些评论影响着。

丽莎是一名创业者，她经营着一家比较成功的公司。她经常对客户的态度感到厌烦，会临时取消客户的会议，也不及时回复客户的电话。我向她指出，她似乎在破坏自己的事业，令其陷入险境。接着，我提出了一个不同寻常的问题："如果你获得了真正的成功，谁会因此感到沮丧？"她的第一反应是很多人都会有的："没有人会感到沮丧，大家都希望我取得成功。"

经过进一步询问，丽莎回想起她母亲的一个观念，即女性不应该出来工作，而应该留在家里照顾家庭。丽莎的潜意识里仍然有这个观念，而且在内心深处，她是相信这个观念的。在进一步讨论之后，她发现这个观念没有任何真实性可言，而且没有任何价值。于是，她选择了放下这个观念，仅把它看作母亲的想法。自那以后，丽莎改变了对事业和客户的态度，这使她的公司取得了真正的成功。

教练方法：丽莎接收到的这类信息所反映的是别人的信念和人生，而她不必相信。你可能会听到一些令人心烦的评论，但作为成年人，你需要考虑和辨别信息的来源，并意识到你对自己的感受或你做出的决定不必被他人的恐惧、愤怒、不安全感等影响。活在儿时的信念中就好像背着一个装满无用的石头的背包。

最终，作为教练，你需要帮助客户意识到，他们曾经接收到的信息是传达者所持有的信念，很可能与他们自己的人生毫无关系。这样说可以为客户创造新的觉察。你可以通过提问来呈现一些其他视角。例如，"现在看来，这个信息的真实性是什么样的？""相信这个信息让你得到了什么？"你还可以通过提出下面这个问题来分享一个更大的真相："作为孩子，你没有选择，不得不相信这个观念，但现在作为一个成年人，你是有选择的。现在选择什么会对你最有利呢？"

非此即彼（黑白思维）

你总是有选择的。

——哈维·斯佩克特（Harvey Specter）

当你在教练对话中意识到客户的"非此即彼"思维时，需要格外注意。这是一个信号，表明有些东西缺失了。

很多人习惯认为事物要么是严格的，要么是宽松的；要么是容易的，要么是困难的；要么是空的，要么是满的。在任何情况下，都会有一些因素没有被考虑。而人们往往相信"这样或那样"是他们唯一的选择。

保罗是一名教师，有 4 个朋友问他是否能在他们度假期间照顾他们的宠物。他在两个选项中权衡：照顾朋友们的宠物可以赚点外快，这是他喜欢的，但他就得放弃自由，这个暑假哪儿都去不了；拒绝他们可以让他自由地享受这个夏天。但他没有考虑过只接受其中一两个朋友的请求并拒绝其他人的选项。这样，他既可以赚取外快，又不会觉得完全失去了暑假自由。

人们会陷入"非此即彼"的思维，或者认为没有其他选择。

乔尔正在考虑扩展目前的一个项目。他在两个选项之间来回衡量：要么自己做，要么与他人合作。他担忧的并不是项目扩展本身，而是与他人合作的可行性。直到他把这个困扰和他的教练分享后，他才想到，其实可以针对要扩展的项目先做一个迷你系列来测试与他人合作的可行性，之后再考虑扩展该项目的可能性。

教练方法：当你意识到客户的黑白思维时，可以通过提问来开启他们的思考，帮助他们找到更多的可能性。新的可能性往往来自两个已有的选项的结合；也可能是另一个他们没有想到的选项。虽然客户可能不喜欢这些替代方案，但重要的是让他们知道这些选项的存在，这样他们就可以做出有意识的选择。

问题如影随形

你徘徊在各个房间之间，寻找那条已经戴在你脖子上的钻石项链。

——鲁米（Rumi）

这个主题是根据琼·卡巴特-辛（Jon Kabat-Zinn）的关于正念的书《问题如影随形》（*Where You Go, There You Are*）命名的。人们往往认为，通过关注外部事物可以解决他们的问题。他们相信改变环境就能改变问题。然而，他们需要审视自己，为自己所做的或未做的事情承担责任。

马丁表示，他想搬到另一个国家，因为这样，"我更有可能遇到对的人"。事实上，他在任何地方都有可能遇到对的人。即使搬到其他地方，他仍然没有变——他的问题如影随形。马丁没有意识到，也许正是因为他在当前这个地方做了一些事情，才破坏了建立满意关系的机会。

当人们没有获得晋升、没有加入某个团队，或者没有和约会的对象继续交往时，往往倾向于加入另一家公司、另一个团队，或者"搬到另一个国家"。然后，同样的情况又出现了。人们倾向于指责某个人或外部因素，而不是接受自己是问题源之一。有时人们无法得到其想要的东西的主要原因正在于自己。与其指责别人，不如面对自己是问题的一部分这一现实。

教练方法：向客户指出无论他们认为什么样的改变能"解决"他们的问题，他们仍然是问题源之一这一点是有帮助的。可以尝试以下表达："如果你继续做你一直在做的事情，你将继续得到你一直得到的东西。"然后提出一个问题来询问客户对这个说法的想法，这样做可能是有益的。

自我赋能

以下几个主题涉及自我赋能，帮助人们提升自信、能力和自主性，使他们感到自由和无负担。

活出真我

最高境界的自由就是选择活出真实的自己，尤其是在你感到害怕、不确定、不方便或不受欢迎的情况下。

——金·乔治（Kim George）

活出真我是关于了解真实的自己及自己真正想要的东西的。人们通常知道自己不想要什么，但往往不去思考他们真正想要什么，以及对他们来说什么是重要的。

活出真我的人能够拥抱自己的脆弱，并且知道他们所做的事情与他们的自我价值无关。这使他们能够保持开放和坦诚，不对结果感到恐惧。

据教授兼作家布琳·布朗（Brené Brown）所说，那些认为"我足够了"的人是真实的。可惜的是，客户通常会选择"我还是保持安全的好"，而不相信自己是"足够的"并活出真我。

雷娜塔希望做出关于她职业生涯的一个决定：是继续做她不喜欢的工作，还是转行从事她一直以来很有热情的编剧（她大学所学的专业）工作。由于她害怕自己不能成为一名成功的编剧，因此她不断地"求稳"，留在她不喜欢的工作中。通过教练对话，雷娜塔意识到她可以在保持工作以降低风险的同时，追求编剧这一真实和忠实于自己的职业。

教练方法：当你注意到客户没有遵循自己内心的想法去生活，而是过着他人的愿景或做出了与他们的价值观不一致的选择时，分享你的观察非常重要："看起来这似乎并不是你真正想要的。这里面哪些是真实的？"一个有用的问题可能是："如果你对结果毫无畏惧，你会做什么不同的事情？"或者"如果走出舒适区，你的生活会是什么样的？"

去五金店买牛奶[1]

你不能与消极的人为伍，却期望过上积极的生活。

——乔尔·奥斯汀（Joel Usteen）

我最喜欢的一句话是《纽约时报》畅销书作者和生活教练谢丽尔·理查德森说的："是什么让你去五金店买牛奶？"

对他人抱有期望是很自然的事。你希望他人做某些事情，以特定的方式行事，给你一些东西，或者提供你需要的东西。遗憾的是，有时候你想从某个人那里得到某些东西，对方却无法给予。你会因此感到恼怒和沮丧，而实际上你只是没有选对人来满足你的特定需求而已。

例如，当你难过的时候，你希望有人能够倾听和安慰你，而你却找了一个冷漠的人去诉说，最终让自己失望。很可能有一个更合适的人能自然地满足你的需求。

---

[1] 在中国文学中有一个与此类似的成语——缘木求鱼，出自《庄子·天下篇》，讲述了一个人在树上寻找鱼的荒谬行为，比喻做事方法不对，或者期望达成的目标和手段不匹配。

第 8 章　通过 22 个主题掌握对话精髓

艾莉刚大学毕业，与两个室友同住。其中一个室友似乎与她在社交上有更多的共同点。因为刚来这个城市不久，艾莉想与那位室友成为朋友，再通过他结识其他人。但是那位室友的行为总是让艾莉很恼火和沮丧。

艾莉经常讲述关于那位室友的故事，比如没有兑现承诺，把厨房弄得一团糟，没有尽到对他们的公寓应尽的义务，以及说好邀请她一起参加活动却没有叫她。艾莉不断的抱怨与她渴望和对方成为好朋友之间似乎有脱节。

于是，我问她："是什么让你去五金店买牛奶？"我指出，这个室友的特定行为与艾莉的需求相悖，因为对方无法满足她的期望。

雅各布抱怨说，他老板极少给他反馈，仅有的反馈也是负面反馈。他与老板交谈，表达了自己不仅希望收到建设性反馈，还希望收到肯定的或积极的反馈。他几次提出了这一要求，但事情并没有真正改变。"是什么让你去五金店买牛奶"这一问题帮助雅各布开阔了思路，让他认识到他老板无法或不愿意为他做出改变。

教练方法：当客户向错误的人寻求支持时，教练应当指出这一点，并帮助他们看到可能有其他人或资源可以满足他们的需求。正如本章一开始所讲，大多数时候你都不需要告诉客户你所看到的主题。而这是为数不多的可以告诉客户的主题，如"这听起来就像期待在五金店买到牛奶一样"。这样的分享会引起客户的共鸣。

许可

记住，要实现梦想，你只需得到一个人的许可，那就是你自己。

——马斯丁·基普（Mastin Kipp）

几乎每场教练对话都以某种方式涉及"许可"这一主题。要么作为教练的你本质上拥有或需要许可来分享某些信息，要么你希望给予客户以某种方式继续进行对话的许可。

人们的许多选择和决策都基于给予或获取许可。感到需要得到许可往往源于人们认为自己本质上不配做某事（自尊主题）或不配以特定的方式去做某事。人们的内心总是充满了不安、内疚、羞愧，或者担心别人的看法。你可以考虑分享一个类比。例如，这就像一个想考研的人要等到6个人说没问题才觉得自己可以去报名。另外，对于经常使用类比的客户，不妨邀请他们创造自己的类比。例如，你可以问："如果你可以想象一个关于这种需要获得许可的画面，你会看到什么？"

教练方法：当出现这种情况时，你可以帮助客户认识到，他们对失望或被评判的恐惧可能无关紧要，也不真实。如果客户说："我只是想让你允许我做某件事。"你可以回应："这似乎是关于自我允许的问题。如果我允许你做某件事，会有什么不同？"

根据教练对话的情况，有时你可以给予客户许可："如果休息一天、睡个好觉有助于你恢复体力，那么这似乎是个明智的做法。对你来说，那会是什么样的感觉？"然而，大多数时候，你的重点应该是让客户给予自己许可，让他们讨论自己想做出的决定，并询问如果不用承担后果，他们真正想做什么。这通常会帮助他们意识到继续前进是合理的。结果是，他们会给自己授权，这对他们来说是一个更加有力量和信心的状态。

对号入座

有的人会故意传递情绪毒素，但如果你不往心里去，你就不会受到影响。当你不接受这种情绪毒素时，传递者的情绪可能会变得更糟糕，但你不会受到影响。

——唐·米格尔·路易兹（Don Miguel Ruiz）

"我大概没有资格做这份工作。""我做错了什么？"很多人一直在想如何才能以不同的方式把过去的事情做得更好。"我告诉了某人一个更好的方法，他却选择无视我的建议，这是为什么？"几乎不可避免的是，无论发生了什么（好事或坏事），人们都想相信正在发生的事情都是关于他们的。虽然感觉好像是这

第8章 通过22个主题掌握对话精髓

样,但实际并非如此。你可能是他人情绪的触发因素或对象,但事实上,这是关于持有情绪的那个人的问题,而不是你的问题。

在教练对话中(包括在生活中),你会经常遇到对号入座的主题。

> 我的客户琳赛是一名单身女性。她和我谈论了她在聚会上遇到的一个男人。她很兴奋,因为他们聊得很投缘,建立了良好的关系。那晚聚会结束时,她问他是否想再次见面,他说他不感兴趣。琳赛感到很惊讶和沮丧,一直在想:"是因为我说了什么吗?也许是他对我不感兴趣?"几天后,在和一个朋友交谈时,琳赛发现那个男人是同性恋,显然他没有兴趣和她发展一段浪漫的关系。

当事情没有按照你的意愿发展时,并不是因为你有什么"不对劲"的地方,原因可能只是你没有满足对方的需求。

> 拉瑞没有被他心仪的公司录取。他的第一反应是:"我不够资格。""我把面试搞砸了。"后来他发现,那家公司想雇用一位成熟、果断的女性,以应对部门中棘手的经理。作为一名年轻的男性,无论拉瑞的简历和面试多么出色,他都没有机会被选上。

教练方法:当你对号入座,直接问"我做了什么"或"他们为什么不采纳我的建议"时,就给自己制造了不必要的痛苦。但无论你做了什么或没做什么,对方都有明确的需求,而你可能没有意识到这些需求。向客户指出这一概念可能会让他们感到解脱,因为他们不需要再责怪他人或自责,而是可以意识到对方是"传递毒药"的那个人,而他们并不需要去品尝它。向客户提出一个这样的问题会有所帮助:"如果鲍勃在午餐时被他人激怒了,因此对你态度不好,这对你意味着什么?"

有关对号入座的一个比喻:这场雨是特地来搞砸你的户外聚会的。

他人说的、做的是他们自己的现实和梦想的投射。当我们真正看到人们的本来面目而不对号入座时,就永远不会受到他人言行的伤害。

——唐·米格尔·路易兹(Don Miguel Ruiz)

直击核心：通向卓越教练之路的革命性方法

未被满足的需求

要求自己想要和需要的东西，从来不是过度反应。

——艾米·波勒（Amy Poehler）

请一劳永逸地满足你的个人需求。如果你有未被满足的需求，你会吸引与你处境相同的人。

——托马斯·J.伦纳德（Thomas J. Leonard）

当一个孩子无缘无故地发脾气或哭泣时，很明显他们有某种想要或需要的东西。因为他们无法清楚地表达这一点，所以会以戏剧性的方式表现出来。讽刺的是，成年人往往也会有类似的表达方式，尽管可能更微妙一些。

当成年人的深层次需求得不到满足，或者压抑着没有表达出来的情绪时，他们可能会无意识地以不健康的方式表现出来。通常，他们没有意识到哪些潜在的情绪或需求未得到充分满足。未被满足的需求触发了他们的负面行为，可能会让其他人疏远他们。

茜亚很不高兴，因为她的朋友没有给她明确的信息，而她认为这些信息应该被分享。茜亚没有意识到并承认自己为此感到愤怒和受伤，反而变得唐突和不配合。她没有意识到她的感受比愤怒要多得多。直到她的负面行为出现，她才知道自己有多烦躁。我们发现她感到自己没有被重视——好像她不够重要，不值得获得那些信息。如果茜亚能够找出潜在的、未被满足的需求（感觉受到重视），然后表达出来，就有可能促成她和朋友进行一次成熟的对话。

一个典型的关于微妙需求的示例是客户渴望得到称赞。他们会竭尽所能，以便听到你说些好听的话。他们潜在的需求可能是得到赞扬、钦佩、认可或承认，以满足他们希望感到自己有价值的愿望。一旦意识到自己有未被满足的需求，他们就不再需要四处寻求称赞；他们可以在适当的时候请信任的朋友满足这个需求，或者与支持他们的人结伴来满足这一需求。

琼安在与主管交谈后感到沮丧和恼火。她形容他们的互动是单向的。她说，她的主管似乎在忽略和回避她的问题。我指出，看起来她似乎没有被倾听。我询问她听到我这句话后的感受。她表示同意，并说她很珍惜被倾听的感觉。我问："在你生活的其他方面，有哪些地方让你感到没有被倾听？"这个问题打开了更深入的教练对话。

反过来，当客户通过一个人的行为注意到对方未被满足的需求时，他们可以选择满足对方的需求。

克里斯蒂娜对她新认识的朋友极其苛刻的要求抱怨不已。我问她："你认为你的朋友可能最需要的是什么？"她回答说："对事情有掌控感。"然后我问："如果这是她需要的，那么在哪些情况下，你可以支持她获得一些掌控感？"她说："在我们确定了想吃的食物类型后，我可以让她选择餐厅。"在接下来的几周里，随着克里斯蒂娜鼓励她的朋友负责选择餐厅，以及在其他一些简单的事情上掌权，她注意到他们之间的关系有了显著的改善。

教练方法：好消息是，你可以帮助客户找到健康、积极的方式来满足他们潜在的未被满足的需求。这需要从注意客户的行为开始，然后问自己："客户到底真正需要什么？"当罗宾抱怨她上司一直在会议中忽略她的贡献时，她潜在的需求似乎是希望得到认可、肯定或感激。一个有用的问题可能是："你对你的老板有什么样的需求？"当需求被识别出来后，客户可以表达它、讨论它，并学会如何提出来。另外，未被满足的需求往往源于人们的童年经历。

当客户存在未被满足的需求时，由此产生的行为可能很微妙，如贬低别人、生气、操纵、说话带刺、不与人交流等。当你注意到客户有未被满足的需求时，如希望获得掌控感、渴望感到安全，希望自己是有价值的，需要接纳自己，希望获得批准，需要知道自己是正确的，需要被倾听、被认可、被赞扬、被关注等，请指出来，并通过帮助他们创建健康的方式来满足他们的需求。

请注意，相比个人价值观，未被满足的需求是更深层次的。它们从人们非常年轻的时候就存在了，且一直都存在。而个人价值观是随着人们日渐成熟的自我意识发展起来的，并且随着时间的推移而改变。例如，如果慈悲是你人生中的一种指导力量,那么它很可能是随着你成年后的经历发展而来的,因此,它是一种价值观。

区分需求与个人价值观的关键在于,如果它在一个人的孩童时代就已经出现了,那么它很可能是一种需求。如果它是随着时间的推移而发展起来的,那么它很可能是一种价值观(如和平、正直或效率)。

话虽如此,有些观念既是需求也是价值观,但背后的原因有所不同。例如,一个孩子经常听到父母编造谎言。因此,对这个孩子来说,对诚实的需求深深地根植于心。对另一个人来说,他成年后经历了一系列不健康的关系,因此可能格外看重诚实这一价值观。

希望事情不同于现实

一个人在生活中所受的痛苦与他们对事情本来面目的抵抗程度成正比。这无疑是人类智慧的关键体现之一。痛苦或不适的存在往往说明人们对事情的本来面目存在抵抗行为。

——比尔·哈里斯(Bill Harris)

当有人希望事情与现实情况不同时,就会产生痛苦。只有放下这种希望并接受现状,痛苦才能结束。这并不意味着放弃和屈服。这适用于一个人希望事情不同于现实,但实际情况不允许他们实现这件事的情况。

黛布拉不断抱怨照顾年迈的父母花费了她很多时间和精力。她经常提及希望她的兄弟姐妹能够分担责任,尽管他们对此并无兴趣。

教练方法:如果你指出现实情况就是如此,客户便可以选择是做出改变还是接受它们。虽然两者都可能不太让人愉快,但面对现实可以让他们意识到,当接受现状并摒弃"事情应该不同"这个想法时,他们的痛苦也会终结。同样有帮助的是询问客户:当事情无法改变时,仍然希望事情改变,这样做的代价是什么?

第8章 通过22个主题掌握对话精髓

建立连接

以下主题涉及人们如何与他人产生连接和隔阂。大多数人都有强烈的社群及连接需求,但他们的一些行为往往会破坏有意义的连接。

被遗弃(害怕失去)

无为而无不为。

——老子

这个主题是关于害怕失去的。通常,这是指对失去某人或某物(如工作)的恐惧。这样的人通常不会冒很大的风险。对他们来说,想主动离开的念头和被抛下的想法同样痛苦。无论哪种情况,都会引发他们同样的情感反应。他们沉浸在这种思维模式中,而没有意识到没有什么是永恒的。他们依恋那些非永恒的事物,随之而来的是不可避免地失去的感受。

当人们经历了深刻的失去或严重的创伤时,通常会在思维中建立一种模式(并非一定在意识层面),即随着生活的继续,他们会再次经历失去或创伤。当一段关系结束时,人们会自然地感到愤怒、失望或悲伤,但对某些人来说,这种失去更加痛苦,因为它触发了他们早期失去的感觉。

对害怕被遗弃的人来说,他们常常会停留在消极的环境、有毒的人际关系或工作中,或者长时间紧紧抓住某样他们拥有的东西,这种现象并不少见。

> 文森特在很小的时候就失去了母亲。现在他的妻子对他很不好,但他一直维持着这段关系。他在婚姻中并不快乐,但离婚的想法触发了他失去的感觉,所以他竭尽全力忽略妻子的言语攻击和消极侵略行为。
>
> 通过教练,文森特意识到他年幼丧母的经历和对离开的恐惧如何影响了他成年后的幸福。他终于能够离开这段婚姻,继续前进了。
>
> 格雷戈里说尽管他知道目前的工作不太适合他,但他还是害怕离开。他害怕找不到一份薪水相当的工作,所以他一直没有离职,最终筋疲力尽。这一切都与他停留在痛苦中及放不下心中的恐惧有关。

在教练对话中，格雷戈里意识到自己甚至没有探索过其他机会。当他认识到这一点并开始寻找其他工作时，他惊讶地发现潜在的可能性远比他想象的要大得多。他意识到，离开这份工作后他的损失不会像他预期的那么多。相反，他能收获很多东西。

教练方法：在教练过程中，你可以帮助客户意识到放下痛苦几乎总是胜过他们所感知到的损失。然而，一些客户觉得放手的风险比他们目前所忍受的痛苦更糟糕，因此你要帮助他们看到选择放下痛苦以便向前迈进的价值。

当客户曾经失去一段关系时，他们可能无法看到离开这段关系后未来潜在的收益或希望。帮助他们想象意想不到的可能性也许有助于他们放手。

作为人类，人们将确定性附加于观念和人身上，并认为这些是理所当然的。然而，在反思中，你可以经常看到，当放下过去，对未来的可能性敞开心扉时，你的生活会变得更好，而且这些可能性往往比预期的更大。

孤立

我们有时会觉得想消失，但我们真正想要的其实是被找到。

——佚名

这个主题是关于孤独和疏离的。它的表现形式分为两种：自卑感和优越感。无论哪种形式，人们都感到自己与众不同，且有疏离的感受。他们通常会感到不满足，甚至不信任。

有自卑感的人害怕加入团体或团队，因为他们担心被拒绝。因此，他们认为与其冒着被他人拒绝的风险，还不如不加入，而这实际上是先拒绝了自己。

有优越感的人觉得自己不需要团体或团队，于是把自己孤立起来。在他们心目中，他们是"比别人好的"或"已经知道一切"的人。只有当他们可以成为领导者的角色时，他们才可能愿意加入团体。讽刺的是，这通常会适得其反，他们给人留下专横自大、全知全能的印象，最终因被排斥而感到孤独。

布莱德利在工作中总是一个人吃午饭。尽管他想让自己融入同事中，但当同事们邀请他一起吃午饭时，他总是拒绝他们。他觉得他们是一个紧密的团体，而邀请他只不过是出于礼貌而已。我问："如果你能加入他们，会是什么样子的？"他表示这会让他感到高兴，让他感觉自己更像团队的一员。我问他："如果他们的邀请是真诚的，那对你意味着什么？"他说他会很乐意接受。在指出他一个人吃饭已经不开心了之后，我问他如果抓住机会加入他们会发生什么，结果他意识到他们的邀请是真诚的。这在布莱德利的心中打开了一种可能性，让他能够冒险尝试，而不是继续陷在他正在经历的不愉快之中。

教练方法：针对孤立这一主题，其中一个着眼点是帮助客户认识到他们因为觉得自己不属于某个团体或团队而感到多么痛苦。通常这是出于被拒绝的恐惧。由于与他人疏离，客户已经很不快乐了。他们没有尝试给自己机会与他人建立联系就先拒绝了自己。作为教练，指出这一点是很有用的。

权威/受害者

每个人都有自由选择的权利，可以选择遵守或不遵守自然法则。你的选择决定了后果。没有人能够逃避他的选择所带来的后果，曾经不会，将来也不会。

——艾弗莱德·A.蒙塔佩尔（Alfred A Montapert）

有些人接受并欢迎规则，认为规则能带来安全感和秩序感。对其他人来说，规则可能是烦人的，甚至被他们忽视。它们是麻烦，让人感到受限，而且看起来无关紧要。然而，规则本质上是中性的。

抵抗通常是权威/受害者这一主题的表现形式——人们拒绝去做任何被要求做的事情，只是因为他们被要求这样做。这就好像你两手一摊说："别再告诉我该做什么了。"

控制、竞争和冲突都是这一主题的一部分，它涉及争夺权力或自由。当有人说"不，我确实有更好的方法来做这件事""我不喜欢按你的方式做"时，这是一个线索，暗示他们正受这一主题的影响。他们也可能爱给人提出建议，然后在他人不采纳时感到恼火。

是什么让人们在面对规则时变得顺从或叛逆呢？

以下这个例子可以帮助你理解这个主题可能的体现方式。想象一下贝茜和乔乘坐同一架飞机。他们都想坐在靠过道的座位，却被分配到了中间的座位。飞机起飞后，他们旁边的过道座位仍是空的。贝茜觉得有义务留在中间的座位上，因为那是她被分配的座位。而乔则立即占据了那个过道旁空着的座位。

这一主题的不协调之处在于，就像你想施展权力与掌控一样，有时你却屈服于权威，觉得自己像个受害者。具有讽刺意味的是，一个专横的人也可能会感觉自己像个受害者——无助、无力，仿佛他们没有选择或权威。因此，"权威"与"受害者"这两个主题是相互关联的。无论哪种方式，他们的命运都是由其他人或其他事物决定的。这种现象表现为："我好可怜！我没有选择（没有权力、没有权威）来做任何事情。"

我们可能会屈服于无力感、无助感，陷入受害者心态，但随后我们又会通过向周围人施以权力而走向另一个极端。

——梅洛迪·贝蒂（Melodie Beattie）

桑德拉告诉我，她非常讨厌她的老板，因为老板总是非常明确地告诉她希望事情如何完成，而桑德拉并不一定同意。当我询问如果她老板只是建议如何完成某件事而不是坚持该如何做，是否会有不同时，她解释说，如果让她感觉到自己是有选择的，她可能更愿意接受老板的想法。本质上，桑德拉会自动反抗那些在她看来像规则的东西。她并非原则上反对，她反对的是那种被命令的感觉。

教练方法：无论客户是接受还是拒绝规则，他们都表现得好像别无选择一样。你最终希望帮助他们掌握主动权，以及对事情的发生和结果的话语权。当客户能够掌握中间地带，根据情况辨别当下的规则或指令是否有效时，那么他们会感受到内心充满力量。你需要帮助他们审视每种情况，并做出相应的选择，而不是自动地接受或拒绝规则。

信息的传递方式常常与信息的内容混淆。你需要帮助客户区分请求的方式与请求的内容。对那些习惯性地反对规则的人来说，这会显著地改变结果，让他们从自动反应转变为有力的选择。将信息与传递信息的方式分离或以原则为由坚持己见的行为，就像因为不喜欢提供门票的人而拒绝前排的音乐会门票一样。

当听到客户仿佛在抱怨他们没有选择（没有权力）时，指出"人们总是有选择和权力的"这一点对客户做选择是很有帮助的。在某些情况下，一个类似"是什么让你把权力交给了（另一个人）"这样的问题有助于让客户意识到"我没有选择"只是一个观念，而不是事实。

认为自己没有选择是最常见的限制性信念。

——阿瑟·巴斯利（Arthur Basley）

边界

你通过允许、制止和强化来教别人如何对待你。

——托尼·加斯金斯（T. Gaskins）

除了自尊，最常见的主题与边界有关。最近一次有人对你做如下事情是什么时候？

- 要求你做一些你没有时间做或不想做的事，但你觉得不得不答应。
- 说了一些冒犯你的话，而你选择保持沉默。
- 站得离你太近，让你感到不舒服，需要退后一步。

很少情况下，客户会直接寻求关于边界的帮助。相反，这种问题通常以讲述边界被侵犯或被越过的故事的形式体现出来。

边界到底是什么？边界是用来保护人们避免在情感或身体上受到他人伤害的一种手段。边界是关于他人如何影响你的幸福感的。你需要清楚地知道什么是你可以接受的，而什么是你不可以接受的。没有两个人具有完全相同的边界，因为每个人都有不同的阈值、不同的容忍度，以及不同的价值观。

健康的边界有助于与他人保持舒适的相互依赖关系。一个没有边界的人无法防止伤害的发生。

设定边界的示例如下。

- 你站得离我太近了，我感到不舒服。
- 除非我拥有更多的信息，否则我完成不了。

- 我不能为你去杂货店取货了。
- 我 5 点前得走。
- 你在我们交谈的时候触碰我,这让我感到不舒服。
- 我不能接受带有冒犯性的语言。

需要注意的是,设定边界之后要告知他人。但是,并不是所有人都能遵守你的要求。因此,你应该准备好在人们继续违反你的要求时告知他们相应的后果。例如,"如果你继续讲粗话,那么这次谈话就结束了。"最重要的是,你必须兑现你的话。如果不这样做,就不会有改变,你的努力也就白费了。

你有权改变主意、犯错误、说"我不知道"、要求更多时间、不提供理由,或者在不需要解释的情况下做出决定。作为教练,你希望客户扩大他们的安全空间,让不良行为远离他们。

有许多诱惑会让你因担心后果而忽略自己的边界,举例如下。

- 如果我给这段关系足够的时间,事情就会有所改善。(在一段关系中应设定时间限制。)
- 无论付出多少代价,我都必须以保持这段关系为目的去思考和行动。(你不需要对另一个人的行为负责。)
- 我愿意为了维持这段关系而放弃金钱、朋友和/或自尊。(你的个人价值不取决于其他任何人。)

在过去几年里,媒体对边界的关注度有所提高。许多客户可能听过"边界"一词,但并不确定如何设定边界并在他人面前执行它。这个主题可以引发丰富的教练对话。请注意,对许多人来说,设定和维持边界是很不舒服的。他们担心自己因此不被人喜欢,害怕别人的眼光,担心自己会"惹上麻烦"或被他人认为是个冷漠的人。刚开始设定边界时,他们往往会因维护自己、将自己的需求放在别人之前而感到内疚。具有讽刺意味的是,只有当知道自己想要什么和不想要什么时,人们才更有可能受到尊重。

教练方法:在教练对话中,如果你发现边界是客户问题的核心,那么询问客户对边界的定义是很有帮助的。根据他们的回答,我可能会宣布暂时摘下教练的帽子，对他们说："边界是指你认为在你面前，别人可以做什么和不可以做什么。这对你意味着什么？"仅听到这个定义就能让客户产生新的觉察。

你需要提出问题来帮助客户发现他们在不同情况下的边界是什么。一个简单的方法是请他们回想一下他们感到怨恨或不舒服的时刻，因为这很可能意味着他们的边界被侵犯了。然后让他们设计方法来告知他人这些边界，并且在边界未得到尊重时采取相应的措施。

培养、表达、执行健康的边界是一个长期的过程，因此需要练习。注意，你无法通过一次教练对话就能帮助客户解决这个挑战。然而，关注这个主题会给你带来持久的积极成果。

保姆/讨好别人

当你试图取悦每个人时，你最终无法取悦任何人，因为你的关注点过于分散。

——诺曼·莱文（Norman Levine）

当人们听到"富足"一词时，通常会想到富饶和充裕。当一个人对自己的身份、所拥有的东西感到安全和自信时，就可以毫无保留地付出而不求任何回报。人们通常认为慈善家是慷慨的。他们之所以慷慨，是因为他们拥有的钱财远远超过了自己所需要的。

你还能在那些自身没有什么财富的人身上看到这一点。他们毫不吝啬地给予别人，因为他们认为这样做会让他们精神愉悦。

戴安娜是一名平面设计师。她正在努力开启自由职业生涯。在一次社交派对上，戴安娜遇到了另一位创业者。她觉得他有一个很棒的商业名称，但他的名片完全没有体现出这一点来，实在令人觉得可惜。于是，戴安娜设计了一张非常精美的名片和一个商标，寄给了那位创业者。她没有留下任何回邮地址和身份信息。

然而，有些人可能在慷慨给予的同时并没有意识到他们希望得到回报。出于富足而给予和为讨好他人而给予，两者通过"给予"这一动作紧密相连。

露易丝决定购买一辆面包车，以便为那些没有交通工具的人提供运输服务。她主动提出接送大家参加每周的会议。然而，当人们没有向她表示感激时，她抱怨人们在利用她。

人们可能潜意识里期望因帮助他人而得到回报，如感激、认可或报酬。如果没有得到回报，他们会有所怨恨："为什么我竭尽全力去帮助别人，而他们连句谢谢都不说？"这表明人们在表现得很慷慨时，虽然看上去是出于富足，实际上却有一个别有用心的动机。

这种情况会以讨好他人的形式表现出来。它通常出现在喜欢给予建议的人身上。他们认为自己真的在帮助别人。然而，当建议没有被采纳时，他们会变得很沮丧。虽然他们觉得自己是出于富足而给予建议的，但更可能是出于想控制对方的愿望。

当你听到客户抱怨"我已经付出了这么多，却什么也没有得到"，并且看到他们的怨恨在悄悄地积累时，你就知道这不是出于富足，而是出于讨好他人——把别人的需求放在自己的需求之前，不花时间去审视自己的需求或做对自己最好的事情。

讨好别人的人有一种倾向，即他们关心除自己之外的所有人的福祉。因为害怕失去别人的爱或尊重，他们会付出和给予比他们所得到的更多的东西。他们倾向于对一切都说"是"，尽管他们内心有不同的感受。

下面的例子说明了客户如何为了取悦他人而忽视自己的需求。你的角色是帮助他们看到，他们的付出是由被喜欢、被爱、被需要、被包括或被接受的潜在需求所驱动的。他们可以在不付出那么多的情况下拥有这些东西。如果不是这样，那么正在利用他们的人可能不应该是他们生活中的一部分。事实上，他们可以通过拒绝不适合自己的东西来赢得他人的尊重。

温迪讲述了一个关于她母亲虐待她和其他恶劣行径的故事。然而，她如此渴望得到母亲的爱以至于她愿意忍受那些可怕的、不可接受的行为。而她这样做只是为了与母亲保持关系，尽管这给她带来了很多负面结果。

卢卡斯经常抱怨他的老板和同事对他提出了太多的要求。当我们讨论这个问题时，他意识到那些并不是要求，而是他自愿做的。我们讨论了他的动机，发现他渴望被需要和被重视的需求是如此强烈，以至于如果不帮助同事，他就无法看到自己的价值。

教练方法：讨好别人背后的思维逻辑是：一个人获得价值感最简单的方法是满足别人的需求，而这样别人就会关心他，从而暂时为他提供力量和所谓的控制感。

要打破这个循环，你需要帮助客户建立健康的边界，让他们照顾自己并且无须为此感到内疚，欣赏他人而不在过程中失去自我，并在无法接受的行为面前站出来发声。

> 我们不对他人的行为负责，他人也不对我们的福祉负责。

无法拒绝他人的客户往往因为自己手头事情太多而感到不堪重负，或者因为自己做了太多而心生怨恨。那些把自己放在最后的人并没有意识到他们的关系有多么不健康，也不知道这样做对自己造成的伤害有多大。

提出以下问题可以帮助客户意识到他们取悦别人的行为可能是不健康的。

- 为了维持这段关系，你牺牲了什么？
- 是什么让你去解决别人的问题而不是自己的问题？
- 是什么让你承担了本属于其他人的责任？
- 当别人让你做你不想做的事情时，是什么让你没有拒绝？

孤狼

在需要帮助时拒绝寻求帮助，就是拒绝给别人一个提供帮助的机会。

——里克·奥卡西克（Ric Ocasek）

人们通常认为寻求帮助是软弱的表现，而实际上这是力量的象征。很难想象，向他人提出请求或请他人以某种方式提供协助是一件好事。人们通常认为只有自己才能解决自己的问题。这种情况可能会在工作中表现出来。有些人抱怨自己不得不承担很多工作，最后发现这是因为他们不授权、坚持亲力亲为的缘故。

教练方法：有的客户在寻求帮助时似乎有一些羞愧感，好像他们会因此受到不好的评判。或者这会引发一种脆弱感，这种感觉让他们感到不舒服或不熟悉。你的工作是帮助他们认识到寻求帮助反而是力量的象征。这证明他们是人，人人都有需要帮助的时候，没有必要为了面子而妨碍事情的进展。

消除障碍

本类别中的每个主题都与阻碍一个人前进的障碍有关。

忽视直觉

直觉不容忽视。它们代表的是那些意识思维难以理解但能够快速处理的数据。

——夏洛克·福尔摩斯（Sherlock Holmes）

人们的大脑时常会接收到警告信号，而人们却往往选择忽略它们，或者只是承认它们，然后仍然按原计划继续行动。尽管泰坦尼克号即将沉没的证据显而易见，一名乘客还是想："我要继续跳舞。这艘船是经得起考验的，永远不会沉没。"忽视直觉可能表现为拒绝相信你内心深处已经知道的事实。

在收到朋友的推荐后，布鲁斯雇用了一个人为他的网站添加一些新的链接。他们商定了价格。对方保证说用不了几天就能完成这项任务。然而，一个多星期过去了，对方还没有交付。两周后，布鲁斯发了邮件，也打了电话，对方保证会在截止日期之前完成。接下来的每周，布鲁斯都会联系对方，却总是得到同样的回复："不用担心，要有耐心。"作为他的教练，我帮助他更加关注他的"内在认知"，意识到如果这样下去，这项任务可能无法完成。随着截止日期的临近，布鲁斯终于雇用了另一位网站设计师，而他在两天内就完成了任务。

警示信号总是伴随着人们——它揭示并指出某个信息。然而，人们往往因为太忙碌而无暇顾及警示信号。相反，他们依赖意图或冲动，或者没有真正地投入当下。这些时候，他们会选择（有时是潜意识地）忽略这些信号。这会让他们付出时间、金钱和精力的代价。

教练方法：当警示信号（或警告）出现时，你可以帮助客户更加关注他们的直觉，并在当下做出有意识的决定。当他们的"小声音"或内在认知让他们知道有些事情不对劲时，他们会面临忽略它或采取行动的选择。当客户需要做出决定却犹豫不决时，你可以根据自己的直觉提出观察和问题，例如，"听起来似乎你已经知道自己真正想要什么了。那是什么在阻止你做出决定呢？"这样的问题有助于找到阻止客户采取行动的根本原因。

不在当下

过去仅存在于我们的记忆中，未来仅存在于我们的计划中。当下是我们唯一的现实。

——罗伯特·皮尔西格（Robert Pirsig）

绝大多数人都生活在对过去（"要是我当时能够……就好了"）或未来（"如果……发生了，那怎么办"）的思考中。但唯一重要的时间点是当下。

当某件事已经完成或成为过去式时，你无法改变它。当意识到过去是你生活的一部分时，你可以学会原谅自己，并思考如果类似的情况或环境再次出现，你会如何以不同的方式行事。

当我告诉学生们没有过去和未来时，他们还以为我失去理智了。这句话真正的意思是：过去已经结束，它唯一能够存在的形式是在我们的思想中；未来还没有发生，它也只能存在于我们的思想和想象中，就像一个初次约会的人已经开始计划自己的婚礼一样。

"应该"一词源于自我意识或外界。它揭示的是他人觉得对你来说正确或合适的事，而你也对此深信不疑。这个词往往意味着不在当下，而是在关注过去的遗憾或未来的想法。当你谈到过去时，使用或听到"应该"可能意味着内疚或责备，如"我应该更加小心的"。当你谈论未来时，提到这个词可能意味着"必须"或义务，如"我父母真的希望我能成为一名医生。我应该做他们想让我做的事，尽管这并不是我想要的"。

教练方法： 当客户展现出害怕面对当下，也不敢向前迈进时，他们可能潜意识里害怕会重蹈覆辙，而不是从过去中学习。当他们一直陷在"如果……发生了，那怎么办"的想法中时，你可以帮助他们认识到他们在为一些还没有发生且可能永远不会发生的事情烦恼。

哈里特·勒纳（Harriet Lerner）博士在《恐惧之舞》（*The Dance of Fear*）一书中说："只有当我们把情绪既看作潜在的绊脚石，又看作明智的向导，而不是非此即彼时，才能更充分地活在当下，带着勇气、清晰、幽默和希望走向未来。"

同样，询问"当下真实的是什么"会让客户意识到，当下他们的想法才是唯一引发他们的恐惧或遗憾的东西。

追求完美与掌控感

做人的本质在于不追求完美。

——乔治·奥威尔（George Orwell）

当别人的做法与你的做法不一致时，最难做到的事情之一就是让他们用你的方式去做。放下自认为的"正确"的方式，你就能释放自己想控制每个情景、每个人，以及每个地方或事物的需求。

当教练对话中出现追求完美和/或掌控感这一主题时，你可能会听到客户说这样的话。

- 我无法确定优先级，因为每件事都必须完美地完成。
- 我无法让别人来做这件事。
- 没有人能像我一样做得那么好。
- 我必须以某种特定的方式去做，而且必须做对。

在度假期间，玛莉安注意到她朋友没有选择把手表调整为当地时间。她按捺不住自己劝说朋友调整时间的想法，但由于她正在努力学习放下想控制他人的需求，所以当她意识到这不关她的事时，她选择了保持沉默。

雪琳谈起了她为一场晚宴所做的精心准备。当她意识到自己忘了上一道蔬菜时，她很自责。她一直纠结于自己的疏忽，而不是简单地放下。实际上她在那个时候是无法控制局面的,而纠结于此只会给她带来不必要的痛苦。让她意识到这些是有帮助的。

> 我们只能控制自己可以做到什么程度,而无法控制结果。

让客户知道这一点也是有帮助的。

罗杰感到很沮丧,因为他认为他的项目必须做得完美无缺。他相信,无论花多少时间,只要他从头到尾监督这个项目,并重新核对以确保一切完美,他就能控制一切。但是,这么做让罗杰一直以来筋疲力尽。通过教练对话,他开始明白,尽最大的努力去完成工作才是他唯一能够控制的部分。

教练方法:对控制的需求和欲望是普遍存在的。当你听到客户想控制一种情况或某个人时,你的任务是帮助他们区分什么是他们自己的事或该关心的事,而什么不是,并帮助他们意识到放手可以节省时间和精力,而追求完美只会拖延任务进度。一个有用的问题是:"如果并不存在完美的话,那意味着什么?"

策略僵化

如果你一直做你以往所做的事情,你将得到你一直以来得到的结果。

——托尼·罗宾斯(Tony Robbins)

关于策略最有趣的事情之一是,它们是如此普遍,以至于人们几乎没有意识到自己的生活是基于一个或多个策略的。例如,有人每周工作 80 小时来让自己感觉自己很重要。

当你参与一个团体时,会注意到团体动态的出现。通常有一个人首先发言,另一个人则等待着成为最后一个发言者。这就是一种策略。通常,这些策略并不是人们在有意识的情况下创建出来的,而是源于一些潜在的思维过程或观念。创建以上策略的可能原因有以下几个。

- 如果我先发言,就可以把这件事解决掉。
- 如果我先发言,就可以避免陷入被点名却不知道答案的窘境。

- 如果我等到最后一个发言，就可以听完其他人说的再分享。
- 如果我再等一等，可能就不需要发言了。

在第10章，我详细讨论了策略，因为它们常常妨碍人们取得真正想要的东西。在第15章，我特别针对许多常见的策略进行了讨论。

以管窥天

> 有终点的旅程固然是好的，但始终还是旅程本身最重要。
>
> ——欧内斯特·海明威（Ernest Hemingway）

虽然你可以设身处地地站在别人的立场上思考，但你无法真正进入别人的思想。

很多人容易陷入自己的经历、信念和想法中，并认为他人也有同样的想法。当他人没有同样的想法时，他们往往表现得不屑一顾或不够包容，而不是充满好奇和兴趣。当你无法认同他人的感受和想法时，自然会忽视他人或对他人感到不解，因为你将自己的感受投射到他人身上了。对某些人来说，负面的经历可能会让他们感到痛苦不堪，而另一些人则认为这没什么大不了的。

下面从一个例子开始。

> 安娜分享了一个关于她和朋友一起去游泳的故事。安娜很快注意到她的朋友极度害怕水。她通常的反应是："别在意，只是水而已，我们可以待在浅水区。"但是当她投入时间去询问朋友的恐惧时，她发现对方真的相信自己会溺水。在整个过程中，安娜展现出了难以置信的耐心和同理心。她握着朋友的手，让朋友紧紧抓住泳池边缘。她的帮助让朋友得以进入浅水区并真正放松下来。

当客户做了或说了一些你不同意或没有经历过的事情时，请拿出你的好奇心。你的目标应该是了解他们的观点或角度。

> 布兰达是一名护士。她向我讲述了她在医院照顾病人时对某些病人无法容忍和缺乏耐心的事例。然而，当她自己成为一名病人时，她有了重大的领悟。她意识到许多病人在医院所经历的挑战正是她自己抱怨的

那些问题。这段生病的经历让布兰达产生了极大的同理心和宽容度。

教练方法：当你选择坚持自己关于事物应该如何的信念和想法时，你的世界会变得狭隘。久而久之，你会在身体上和情感上与他人渐渐疏离，变得封闭起来。只有当你真正站在他人的立场思考他们的想法和思考从何而来时，你才能最大限度地减少对他人的评判，意识到人们不一定对同一事物拥有和你一样的体验。

学习站在他人的立场思考问题能够让你变得更加包容，或者在最好的情况下，能够让你与他人建立更深层次的连接。这个能力会影响你周边的世界，也许会帮助他人感到被理解。在外交中，就要认识到对方的观点。从这个角度想一下，如果各国都能够站在其他国家的立场思考，世界会是什么样子的。这将有助于减少冲突和固执的立场，使达成妥协变得更容易。

一个形容以管窥天的隐喻是：你在泳池中溺水了，周围都是会游泳的人，救生员在泳池的另一端，你却相信只有泳池另一端的救生员才能救你。

在教练对话中，当你注意到你对客户说的话或做事的方式有想法或评判时，这是一个考虑站在他们的立场理解他们的观点和看法的机会。

在教练中运用各种主题

现在你已经了解了这些主题，相信你对人类行为和动机也有了新的见解。这些信息对我的学生、我指导过的教练及客户都产生了深远的影响。

无论你是生活教练、高管教练、健康教练还是其他类型的教练，都可以考虑学习并在教练对话中倾听所浮现出来的主题。一开始你可能无法立即识别出它们，但通过实践，你会发现它们很容易辨认，因为哪怕背后的故事有所不同，它们也会一次又一次地反复出现。

主题存在于每次对话中，它们是帮助你聚焦问题核心的指南。

提示：你可以通过倾听一些关键短语和陈述来帮助识别主题。

- 倾听在客户的陈述中，一种选择是如何与另一种选择"打架"的。例如，"我可以做 X，但那样我就不能做 Y 了。"——非此即彼。

- 留意客户较为绝对的用词，如"总是""从不""不可能""别无选择"等。例如，"我必须确保它完全正确。"——追求完美与掌控感。
- 倾听客户的心声，看看在他们眼中事情是如何超出他们的控制范围，而他们认为自己无法改变处境的。例如，"我没有选择。"——受害者。
- 在"权威"主题中，通常伴随着"我是最了解……的"的话语，以及某种形式的指责，例如，"我的想法那么好，可他们就是不采纳。"——权威。
- 关于"边界"主题，注意倾听客户是否有一种被侵犯或不受尊重的感觉。这个主题涉及他人做了一些不可接受的事情。例如，"他一直讲一些让我不舒服的笑话。"——边界。
- 仅留意某人不能或不愿意做出选择的情况。例如，"这两种选择似乎都有效，所以我无法做出决定。"——选择障碍。
- 当你听到类似"外国的月亮更圆"这样的想法时，如"如果我搬到另一个省，我会找到一段健康的关系"，主题就是问题如影随形。
- 当客户表现得好像只有他们自己遇到这种情况，而别人不会时，你就知道他对号入座了。例如，"我是唯一一个没有获得……的人。"——对号入座。

现在你已经了解了所有教练对话中固有的主题，专注于最重要的方面是直击核心的教练方法的关键所在。更深入的教练对话会带来持久的、永久的改变，并对客户的进步产生有意义的影响。

反思问题

- 你在教练对话中注意到了哪些主题？
- 当你在教练过程中识别了一个主题时，会有什么不同？
- 识别出主题对你的提问会产生什么影响？
- 在了解了自尊主题所有可能的表现形式之后，你的教练实践可能会有哪些不同？

第9章
聚焦最重要的内容

问题就像植物一样,你必须找到问题的根源,以防止它们再次出现。

——布莱恩·G. 杰特(Brian G. Jett)

直击核心的教练并不是要问很多不同的问题,而是要倾听客户心中可能存在的任何差异、潜在需求、误解或固有观念。在其他教练模式中,教练可能一直在绕圈子,花费不必要的时间,因为教练对话不够高效,也无法推动对话向前发展。

在阅读本章时,我邀请你回想一下过往的教练对话,并考虑何时使用直击核心的教练方法可能会更有帮助。

解决问题的根本

人们倾向于通过制定策略来处理和应对问题。如果不知道生活中问题的根源,你想出的解决方案就像在不知道出血原因的情况下,在流血的伤口上贴了一张创可贴。这些都是暂时的解决办法。如果出现内出血,创可贴会掩盖问题,妨碍问题得到根本解决。

直击核心的教练方法之所以有效,是因为它在解决问题之前关注问题产生的原因。如果不了解问题的根源,问题将持续下去。换言之,如果你只解决表面问题或立即制订行动计划,潜在的问题将继续存在。当你转向解决问题时,会失去与客户的合作关系,也会错过支持他们更深入地了解自己的机会。

在使用直击核心的教练方法时，要牢记以下一些问题。
- 客户讲述这个故事的目的是什么？
- 他们当下有着什么样的情绪？
- 对这个人来说，真相是什么？
- 客户希望教练听到什么？
- 客户认定了什么想法是真实的，而事实可能未必如此？
- 相比关注故事中的其他人，客户的真实情况是怎样的？

深入与广泛

由于直击核心的教练方法可以从根本上解决问题，因此探索故事细节背后的内容将有助于发现客户真正需要帮助的地方。

直击客户故事的核心并不意味着总结并继续提问，而是要了解他们思考中的困境，以及是什么让他们认为这是个问题。具体包括以下几点。
- 弄清楚客户讲述这个故事的原因。
- 识别并确定他们所感受到的情绪。
- 与客户进行确认，了解他们是否真的想探讨这个话题，还是只想分享一下，而与他们真正的需求无关。
- 需要认识到的是，适当的回放是教练行为的一部分，它可以为客户创造觉察。

直奔主题

在直击核心的教练方法中，提问的目的不是获取数据，而是区分真相与看法。例如，如果接受"我的老板讨厌我"的说法，那么潜在的问题将不会显现出来。对客户的看法持怀疑态度很关键，因为他们认为真实的东西不一定是真的。

针对上述客户的看法，询问"你怎么知道你的老板讨厌你"是一个较弱的

第 9 章 聚焦最重要的内容

教练问题，因为它只会引发客户提供证据来支持他们的看法，而不能帮助客户前进。这种问题对教练来说可能更容易，也更有趣，但对客户没有帮助。"你希望和你的老板建立什么样的关系"是一个更强有力的问题，因为它推动了对话向前发展，而且这个问题可能是客户之前没有考虑过的方面。这个问题也体现了教练不会自动接受"我的老板讨厌我"的说法。

为客户提供他们需要的，而不是他们认为自己想要的

客户来寻求教练服务时，通常带着特定的期望：一个具体的结果、解决方案或成果。在其他一些教练方法中，教练关注客户声称的自己想要的东西，而忽略了他们深层的需求。在直击核心的教练方法中，你要帮助客户发现他们的真实感受和他们追求的体验，并让他们看到有许多可能的方法来实现他们渴望的体验。

这并不意味着你要忽略或摒弃客户的渴望，而是要倾听他们的请求背后的内容。他们需要的东西往往是对他们的长期发展有帮助的，而不是在那一刻他们想要的东西。

> 亚瑟在教练对话一开始说："我想找出一个办法能让我每天完成更多的事情。我的工作效率似乎没有另一个部门的一位同级别的同事那么高。"

在这个例子中，常规的教练方法与直击核心的教练方法的区别如表 9-1 所示。

表 9-1 在亚瑟的例子中常规的教练方法与直击核心的教练方法的区别

常规的教练方法	直击核心的教练方法
教练：你怎么知道你完成的工作没有你的同事多	教练：我明白你想完成更多工作，我想知道是什么让你认为这件事很重要
亚瑟：我听苏谈论她的工作，听起来比我完成的事情要多得多	亚瑟：我想让我的老板感到满意。我希望他能够信任我有能力完成我的项目
教练：你可以通过什么方式让自己完成更多的工作	教练：你的项目与苏的项目之间可能存在哪些差异？（亚瑟列出了几个区别）
亚瑟：我想我可以……	教练：既然你与苏的项目类型有明显的区别，那你把自己的工作与她的工作进行比较是出于什么原因呢

直击核心：通向卓越教练之路的革命性方法

事实上，完成更多的工作并不是亚瑟真正需要的。相反，他需要的是看到自己所提供的价值，并意识到与同事做比较是危险的行为。

我经常听到客户在电话中要求教练为他们制定策略或进行头脑风暴。尽管制定策略或进行头脑风暴对教练来说可能很有吸引力，但除非教练能解决潜在的问题，否则这些只是短期解决方案。

赫克托来寻求教练服务，他说："多年来，我一直担任健康教练，最近我收到了一些领导力教练的工作邀约。我已经成功教练了几位领导者，但我从未带领过团队，所以我觉得自己在这方面好像没有信誉。也许我们可以进行头脑风暴并制定一个策略，这样我会感觉更舒服。"

你不能立即相信赫克托，而认为进行头脑风暴和制定策略是对他最有帮助的。你会发现，具有启发性的教练问题可以揭示客户不安情绪背后的真正问题。以下几个提问让赫克托最终对自己成为领导力教练充满了信心。

- 你需要什么才能允许自己对公众说你是一名领导力教练？
- 你认为自己现在缺少什么以至于让你觉得自己没有信誉？
- 你认为一名优秀的领导力教练具有哪些品质？
- 对照这些品质，你觉得自己是什么样的？
- 是什么让你认为健康教练和领导力教练如此不同？
- 如果你已经成功教练了领导者，那么是什么让你觉得自己还不够资格？
- 你需要认可自己的哪些品质，以便自信地将自己的领导力教练身份推向市场？

何时使用直击核心的教练方法

直击核心的教练方法并不适用于所有情况。它在以下情况下效果最佳。
（1）当客户陷入困境或对现有的思维方式感到沮丧，无法继续前进时。
（2）当你能够通过识别客户的限制性信念（想法或观念），以及第 8 章介绍的一些主题来帮助客户以不同的方式看待他们的处境时。

然而，并非每种情况都适合使用直击核心的教练方法。例如，当客户面临一个需要持续投入精力的挑战（如找工作）时，这种方式可能不太适用。客户没有找到工作这一现象的背后可能并没有一个潜在的问题，他们可能只需要润色简历或磨炼面试技巧。然而，你需要确定客户是否存在某种信念，这种信念妨碍了他们展示自己的成就，或者阻碍了他们面试技巧的发挥。如果是这样，直击核心的教练方法是有意义的。

使用直击核心的教练方法时应避免的错误

- 过于关注细节和环境，忘记了故事的整体目的。
- 过于努力地想加快对话进程。
- 你认为自己知道答案，所以对客户的话感到不耐烦和/或沮丧。
- 没有充分了解客户就草率地下结论。
- 没有获得客户的许可或建立对话合约。
- 当客户不想讨论你认为相关的话题时，没有停下来。
- 对客户快速略过的和看似微不足道的话语掉以轻心。
- 未能听出不一致或脱节的地方。
- 试图了解问题，而不是客户本身。
- 没有站在客户的立场去考虑问题——了解他们的出发点。
- 不加质疑地解读信息。

现在你已经了解了人类行为并能分辨真相与看法之间的区别，教练对话中间的下一个要素是促进客户转变思维。

反思问题

- 直击核心的教练方法中的哪些方面对你来说是看似熟悉的？又有哪些方面看起来是新的或不同的？

■■■ **直击核心：通向卓越教练之路的革命性方法**

- "理解客户而非问题"对你来说意味着什么？
- 对更大真相的认知将对你的教练工作产生什么样的影响？
- 你对教练对话往深处走而不是往广处走的理解是什么？这将对你的教练工作产生什么样的影响？

第 10 章

促成转变

> 思维一旦被新观念拓展，就永远无法回到原先的样子。
>
> ——奥利弗·温德尔·霍姆斯（Oliver Wendell Holmes）

在每场精湛的教练对话中，总会有一个时刻，你的客户准备好转变他们的看法了。这是一个非常有力量，你和客户都非常满意的时刻。然而，这也是一个具有挑战性的时刻，可能会让你感到挣扎。

"转变"在字典中的一个意思是在地点或位置上的变化。在教练过程中，这是指客户在他们所坚持的观念上的变化，这些观念对他们来说可能反映了真实情况，也可能没有。蜕变指的是客户未来思维方式的改变。当客户转变他们的观点或视角时，新的机会和解决方案就会呈现出来，从而立即创造出长期的改变。

所有人都对生活抱有假设，而且每天都会根据自己对事物的看法形成新的未经检验的假设。你的假设可能会让你对客户的数据形成错误的理解。这可能会在无形中引导你走错方向，脱离正轨。你可能没有意识到你正在做出假设，然而，当你把客户所说的完全当成真相时，你就是在假设它不是客户的个人看法，而实际上它可能就是看法而已。当你把未经检验的假设认定为真相时——无论是你自己的假设还是客户的假设，问题就会发生。

范式——人们看待世界的模型

图 10-1 中较小的方框代表你当前的范式，即你的所知、所想、所信——你的世界。较大的框代表你的世界及你尚未了解的一切。

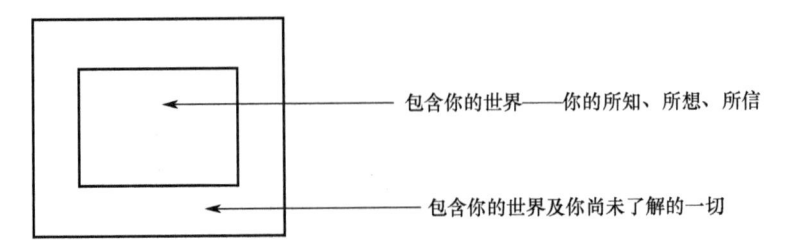

图 10-1 人们看待世界的模型

包含你的世界——你的所知、所想、所信

包含你的世界及你尚未了解的一切

促成客户转变的目的是扩展他们的范式，使他们意识到自己尚未了解的事物，从而转变他们的看法。转变的结果是以一种新的、不同的方式看待事物。这种方式是如此深刻，以至于让他们原来的思维方式化为乌有。

> 当蜕变发生时，一个人的思维就会发生非常大的转变，以至于他们无法再认同自己原来的立场。这是一种心智校正。

如何激发客户对转变的渴望

当维持现状的痛苦大于改变的痛苦时，我们就会改变自己的行为。后果给我们带来了痛苦，这种痛苦激励我们去改变。

——亨利·克劳德（Henry Cloud）

研究表明，90%的人会因为想远离痛苦而改变（"我讨厌我的工作""我必须摆脱这段关系""我需要搬离这里""我受够了这种缩衣节食的生活"），但只有10%的人会被追求幸福的动力所激励而发生改变（"我想变得健康""我想要一份令人满意的工作"）。帮助客户意识到并承认和接受他们的痛苦（他们目前的处境），能够激励并鼓励他们朝着自己想要的方向前进。除非客户认为他们的现状糟糕得已经无法忍受，否则他们可能没有足够的动力去做出改变。

摒弃认知限制

人们所有的想法、思想、价值观和信念都可能发生改变，但只有当人们接收到证据证明还有其他方式看待事物时，改变才会发生。人们会用自认为舒服的方式来看待事物,所以会坚持使用这些方式,并通常认为自己看到的就是事实。

客户之所以坚持一个妨碍他们前进的想法是有原因的,否则他们会自行解决问题,就不需要和你进行教练对话了。作为一名卓越的教练,你可以帮助客户对他们的认知进行新的解读,并将对他们来说可能不明显的点联系起来。当他们转变了对自己并没有帮助的解读时,新的机会和解决方案就会呈现出来,从而给他们带来满足感和前进的动力。

人们会制定策略来应对生活中的问题,但许多策略,如意志力,只是暂时的措施,不会带来积极的、永久的改变。当客户意识到他们的解决方案只会带来暂时的效果时,将有助于他们认识到自己并没有得到真正想要的东西。

朱莉非常渴望拥有一段充实且持久的关系。为此,她的策略是弄清楚对方想要什么,并努力满足这些需求。她的策略暂时奏效了,因为她确实谈了恋爱。但是她自己的深层需求从未在这段关系中得到满足。最终,她的感情失败了,然后她又开始了新的循环。

有些教练可能会关注朱莉选择约会的男生类型。但是,如果你能解决她关于在一段关系中不能做自己并满足自己的需求这一认知,那么你就能为她带来更持久的转变。帮助朱莉认识到她的策略并不适合自己,这一点很重要。

观念转变的机制

在图 10-2 中,左侧是客户目前所处的位置,他们可能正处于痛苦或难受中——表现为某种程度的不满。

客户的现状与他们最终想达到的目标的中间点是杠杆的支点。在教练对话中,当你听到或注意到客户的现状和与他们想要的目标相关的"错误思维"之间达到了平衡时,这便是我所说的杠杆支点。

在图 10-2 中,右侧是客户想实现的变化——他们声称想实现的目标。我之所以使用"声称"一词，是因为尽管他们认为这是他们渴望的变化，但这可能并不是他们真正的需求。另外，他们的渴望可能充满了潜意识中的"错误"观念。

要实现观念的转变，客户必须在信念层面发生改变

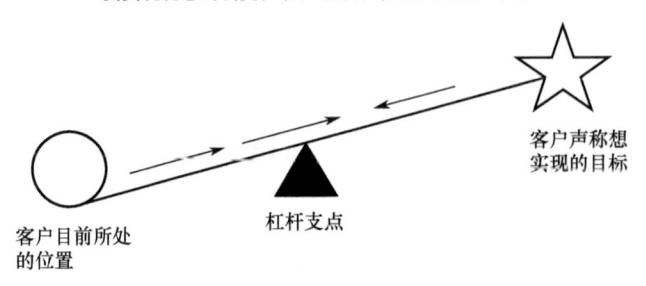

图 10-2 观念转变的机制

当一个人追求的结果始终没有发生时，可能是因为目标不对——与他们的真实需求不一致。

艾伦想创业，但他没有采取任何措施来实现这一目标，并且总是有不同的借口来回避采取行动。

在这个例子中，艾伦后来意识到自己并不是真的想成为一名企业家。实际上，他不能忍受没有稳定的收入，也不想解决成为企业家所面临的其他挑战。因此，他必须创建一个与他的真实需求相一致的新愿景。

如果客户声称自己想要一份新的工作，探索他们想要这一变化的原因和意义是非常重要的。问题的根源可能并不是工作，而是他们的家庭关系（他们的真正需求）。

潜意识里相冲突的优先级

人们经常会由于一些他们未能意识到的优先级而阻止自己达成目标。例如，尽管比尔经常承诺自己会按时交付项目，但他总是迟交。他没有意识到自己有一个潜在的优先事项，如果按时交付所有项目，他很可能会获得晋升，而在内心深处，他确信晋升到更高的职位会导致失败。因此，他潜意识里的优先

事项是保持迟交的现状而不做出改变。当比尔通过教练意识到这个冲突时，他审视了自己潜在的信念，认识到晋升后他也有可能像以前一样容易成功。意识到这一点，比尔就可以有意识地选择真正有利于他成长的优先事项。

与愿景保持一致

在愿景吸引你前进之前，痛苦会一直推动着你。

——迈克尔·伯纳德·贝克威思（Michael Bernard Beckwith）

客户没有向前迈进的另一个原因可能是愿景不够有吸引力或不够强大。如果客户声称自己想节食，而三周后他们放弃了，那么很可能是因为这个愿景不够有吸引力。如果客户说："我女儿要结婚了，我想穿上我在商店橱窗看到的一条很棒的裙子，但我必须减掉 10 斤才能穿上它。"那很有可能她节食的动力就会很足，而且愿景足够有吸引力，能够激励她实现目标。

寻找支点（限制性观念或错误思维）

如果在教练过程中你难以找到支点，请倾听那些被客户视为真实的限制性观念或错误思维。每个人都同意天空是蓝色的、太阳会落山等事实，但是像"在经济下行时期找工作很难"这样的观点不见得每个人都认同。

教练工作的很大一部分内容就是辨别什么是真相，什么是看法。事实上，客户告诉你的大部分内容（以及你告诉自己的大部分内容）都是看法。客户的观点或判断被他们的个人经验和经历过滤了。它们听上去可能是真的，但如果它们是阻碍客户前进或让他们陷入困境的原因，那么你的任务就是帮助他们找到一个不同的角度。

然而，直接问客户"这里真正的真相是什么"可能会冒犯客户，因为客户认为他们所分享的任何事情都是真实的。以下示例展示了如何巧妙地处理这个问题。这需要练习，你可能第一次做得并不完美，但尝试得多了，你就会意识到这对客户有多么深刻的影响。它将变得自然而然。

以下是你可能会听到的限制性观念的例子，这些想法可能并不是真实的。

- 客户：如果我说出自己的想法，他就会离开我。（到目前为止，该客户一直在抱怨她的男友，并向他隐瞒了自己的想法和感受。）

  教练：到目前为止，你一直在默默承受着痛苦，所以你有两个选择：继续默默承受痛苦，或者尝试一些不同的做法，后者可能会让你得到你所期望的结果。你想做什么？

- 客户：如果我不每天都去公司，这个团队就会分崩离析。

  教练：你说你一直都感到筋疲力尽。所以你可以选择继续疲惫下去，或者冒险相信团队一次，即当你不在的时候，这个团队并不会像你想的那样散掉。你想做什么？

- 客户：等我女儿上大学了，没有她在身边，我都不知道该怎么过日子。

  教练：我听你表达了好几次对你女儿的不满，如很晚回家、成绩差、房间里的音乐很吵。在她离家后，对你来说可能的机会或好处是什么？

- 客户：如果我告诉他不要再打扰我，也不要总占用我的时间，恐怕他就不会再介绍客户给我了。

  教练：听上去你在脑海中设定了这样一个情景：要么你继续忍受他的骚扰，要么冒险向他表达你的想法而导致他也许不会继续给你介绍客户。你想做什么？

克里斯蒂娜的故事："我喜欢烹饪和尝试新的食谱，但我不太想为我丈夫做饭，因为他很不懂得感恩。我真的不知道该怎么做，我感到沮丧和怨恨。"随着对话的继续，支点的关键在于她那句"如果我不再给他做饭，我会感到内疚"。教练心想："她怎么知道自己会内疚呢？那不是事实。那是一个限制性想法。"

当你听到一个并非对世界上每个人来说都绝对真实的陈述时，这就是一个信号，说明你需要质疑它。有很多人不给丈夫做饭，也不会为此觉得内疚。这不是普遍的真理。教练继续说："听起来你在脑海中设定的情景是这样的：你要么为他做饭，感到怨恨和沮丧；要么冒险不为他做饭，你可能会为此感到内疼,也可能不会。现在选择权在你。你想做什么?"

> 在教练对话中,当客户认识到他们当前所经历的痛苦和难受,以及他们对改变产生的恐惧时,说明你已经找到了杠杆的支点。

在这个节点,你向客户呈现的选择对他们来讲都是不容易的,因为这意味着他们必须放弃一个长期坚持的观念。于是,你的沉默就显得至关重要——静待他们的回答。在克里斯蒂娜的例子中,她不太可能干脆地说:"好吧,我不再为他做饭了。"相反,她必须认真思考:"如果我不再为他做饭,会发生什么?假设我不做饭了,一切还会好吗?"

除非客户准备好做出选择了,否则你不能越过这个节点推进对话。他们会以某种方式回应。无论客户决定如何——是继续保持现状,还是改变自己的想法,抑或是采取行动,你都必须接受他们的选择。在克里斯蒂娜的例子中,她说:"我想试试看,如果我不每天晚上都为他做饭,会怎么样。"这是一个自然而然产生的行动步骤。

折返到舒适圈

> 恐惧是接近真相时的自然反应。
>
> ——佩玛·丘卓(Pema Chodron)

当客户到达杠杆的支点时,他们通常会折返到原来的位置——舒适圈。

到达杠杆支点的客户内心充满了恐惧,以及限制性观念、思想和信念,它们在潜意识里阻止客户自然地向前迈进。他们想:"哎呀,这太难了。我做不到,算了,我不行。"于是他们就回头了。在他们的经历中,每当他们开始朝着向往的方向前进时,总会有什么东西挡在路上,然后"唰"地一下,他们就回到了舒适圈,尽管那里很痛苦。如果你曾经制订了健身计划,取得了一些初步进展,然后停下来了,便是此处所说的折返到舒适圈的倾向的体现。

导致客户回到原来的位置的原因有很多,可能是他们已经想了一个自认为有效的临时策略，可能是他们的恐惧占了上风，也可能是他们的动力不够强大，还可能是他们缺乏一个强有力的愿景来吸引他们向前迈进。尽管客户认为自己想做出改变，但他们没有动力去做产生改变所需的事情。

这就需要你指出来，当前的情况实际上给他们带来了痛苦而非帮助他们。除非客户能够接受这一点，不然他们不会有动力越过杠杆的支点，朝着他们真正想要的方向前进。如果他们待在舒适圈，就不会面临挑战、经历个人成长或学到新的东西。换句话说，他们将停滞不前。

转变

有几种可以促使客户转变的技巧。它们中的任何一种都很有效，有些可能更适用于某种情境。在下面详细介绍的各种技巧中，你可以看到一些提示，它们表明客户已经发生了转变，并告诉你如何继续推进教练对话。

尽管我不提倡使用公式化的教练方法或标准化的问题，但有一组特定的问题在促进客户转变上已经得到验证。其中的每个问题都可以提升客户的觉察。值得注意的是，如果你始终以同样的方式选择同样的方法，那就是一个公式。

以下这个问题可以帮助客户意识到不做出改变的痛苦。

"因为（客户正在做的事情），你付出了什么代价？"

（在括号中填入客户所用的确切词语。）

例如，"你认为自己是唯一能够做这件事的人，这让你付出了什么代价？"然后，你通常会听到客户已经认识到的一连串琐碎的"后果清单"：这让他们失眠，消耗了他们的精力，影响了他们的健康，花费了他们的时间，等等。我建议你记下他们分享的内容，因为你需要这些信息来提下一个问题。代入客户的话，重复上述问题。

"你说这耗费了你的精力，导致没有足够的时间陪伴家人，也让你精疲力尽。

继续想一下，你认为自己是唯一能够做这件事的人，为此你还付出了什么代价？"

（在句首重复客户之前的完整陈述。）

现在，客户必须更深入地思考，想出他们可能尚未考虑的后果。当你的提问中包含他们回答时使用的所有词语时，不仅有助于他们记住自己的回答，还能激发他们进行更深刻的思考。

客户可能需要思考一下才能对以上问题做出回应。你需要再次保持沉默，给予他们思考空间。然后他们可能会说类似"这限制了我的生活，以至于我每天都感到恐惧"的话。有时，要求客户在这个更深的层次思考可以让他们在那一刻意识到自己必须做出改变。他们会承认事情的真实情况比他们意识到的还要糟糕。

根据客户回答的深度，另一个问题可能会让他们更清楚地了解目前的状况有多糟糕。这个问题是关于留在这个痛苦的地方的回报或好处的。

"你认为自己是唯一能够做这件事的人，这么想能让你从中获得什么？"或者，"你认为自己是唯一能够做这件事的人，这对你有什么好处？"

（在句首重复客户之前的完整陈述。）

通常情况下，客户会给出"没有什么好处""一点帮助都没有"之类的回答。此时，他们不认为有什么理由去坚持一个显然会给他们带来负面影响的想法。但事实上，如果真的没有合理的理由（哪怕是潜意识里的理由）支持他们坚持这个想法，他们早就放下了。这正是需要传达给客户的内容。

"如果你真的相信自己从中得不到任何好处（或者它对你没有任何帮助），那么继续坚持这个想法没有意义。但你依然认为你是唯一能够做这件事的人，其中一定有什么对你有利的东西。"

（在句首重复客户之前的完整陈述。）

这时，客户通常会想到一些之前没有考虑过的东西，如"这让我感到自己很重要""没有人能像我一样做事情"。

此时便是一个激发客户发生转变的契机。如果他们完全想不到任何可能的理由来维持这个糟糕的局面，你可以提示他们："其中一个可能性是，你不想放弃你从零开始搭建的东西。你认为可能是什么？"他们也许会给出类似这样的回答："我觉得如果我开始将任务委派给其他人，我的丈夫可能会不高兴。"通常，即使一个想法明显阻碍了客户前进，他们也会有一个潜意识里的理由去坚持这个想法。

以上每个问题都必须包含客户的完整陈述，这一点至关重要。这样做可以使问题产生更大的影响，更重要的是，可以提醒客户他们说了什么。以下是一个关于坚持一个想法不放手的例子。

凯瑟琳说，十年前她在某件事情上经历了失败，那次经历一直阻碍着她取得成功和保持专注，这使她感到非常困扰。这是她认定的信念。请注意，在以下对话中，了解那次失败的原因是无关紧要的。

教练：你一直放不下那次失败的经历，为此你付出了什么代价？

凯瑟琳：付出了我的健康、我的乐趣，它使我无法给他人带来快乐，同时拖慢了我的节奏，阻碍了我实现目标，阻碍了我发挥自己的能力和优势。

教练：你一直放不下那次失败的经历，为此你还付出了什么代价？

凯瑟琳（稍做停顿）：我失去了一些友谊，我对此感到无比悲伤。我是一个喜欢与人交往的人，取得成就对我来说很重要。

教练：如果这让你付出了你的健康、乐趣，使你无法为他人带来快乐，拖慢了你的节奏，阻碍了你实现目标，阻碍了你发挥自己的能力和优势，失去了友谊，让你那么悲伤，那么，是什么让你对那次失败的经历仍然耿耿于怀？

凯瑟琳：我是情不自禁的，因为我的情绪压倒了一切。

教练（意识到凯瑟琳的最后一句话"因为我的情绪压倒了一切"并非事实）：情绪总会涌现，但我们可以控制如何处理它们。对此，你想做什么？

凯瑟琳：我笑了，因为我意识到我不必让那个 10 年前的经历控制我当下的生活。这么说之后，我就可以放下过去，这样可能会让我拥有更好的人际关系和更大的成就。

当凯瑟琳意识到她的信念让她付出的一切代价时，她转变了想法，获得了新的视角。

更多促使客户发生转变的方法

- 移除客户眼中的障碍。

    客户：因为各种看病预约，我没有时间来经营生意。

    教练：如果你没有任何看病预约，你的生意会有什么不同？

- 留意差异或脱节。

    客户：这个想法曾经看起来很特别，但现在听起来很普通。

    教练：发生了什么变化？

- 运用牵强的类比。

    客户：我同事说我做事情很慢，这让我感觉很糟糕。

    教练：如果你的朋友告诉你她不喜欢你上班时穿的衣服怎么办？

    客户：那就太荒谬了。

    教练：这和你同事对你的工作评价有什么不同？

- 提出有挑战性的问题。

    客户：我害怕在一群同事面前发言，尽管我真的想更好地贡献和沟通我的想法。

    教练：如果在同事面前发言是做出贡献和更好地沟通的最佳方式之一，那对你来说意味着什么？

不过，提出挑战性问题时要小心。你不能强迫客户相信一些不真实的事情。

例如，客户说："凡是数学或与数字相关的任务我都完成得很糟糕。我宁愿聘请人来帮助我处理财务问题，也不想自己做。"这时，你不能问："是什么让你觉得自己不能独立处理与数字相关的任务？"

这不是一个恰当的挑战，而且可能会引起客户的挫败感，因为它听起来像陈述一个事实，而不是意见或自我评估。

- 直接沟通。

    客户：今年，我的助理的缺勤次数比她的出勤次数还要多，因为我很害怕起冲突，所以我什么都没说。我只是不想失去她。

    教练：从某种程度上说，听起来你已经失去她了。你怎么看？

重构

虽然重构不一定能像一个真正的观点转变来得那么深刻，但它可以通过为客户长期固守的观念提供新的解读来帮助客户向前迈进。

重构指的是在接收到额外的信息之后，以完全不同的方式看待同一组事实。遗憾的是，人们经常在有限的信息下做出对事情的解读。尽管有了额外的信息，但人们会坚持自己的结论。当客户的观点或看法阻碍了他们前进时，教练有责任帮助客户进行重构。这个过程的其中一部分是使客户转变他们对事物固定的解读。

以下是一个重构的示例。

想象一下，我在街上走，偶遇了一位十多年未见的女性朋友。我们聊了起来，过程挺愉快。她告诉我，她刚在一家高端百货商店买了一双价值800美元的鞋子。

（让我们停在这里，想一想：只凭借你刚才听到的信息，你此刻在想什么？大多数人可能会形成一种观点或做出判断。）

我们继续这个故事。她告诉我，她刚刚得知自己中了数百万美元的彩票，于是她决定大手笔消费一次。

（现在，你对于她买这双鞋有什么看法？也许你在想："既然她中了那么多钱，这也不算什么大手笔。""她到底中了多少钱？""她为什么要告诉别人自己中奖了？"随着故事的发展，你的观点也会被重构。）

我们继续聊天，她告诉我她将把数百万奖金捐赠给了慈善机构，

第 10 章 促成转变

她正在研究各种慈善机构。

你现在对这位女士的看法很可能与谈话刚开始时大不相同。关键是，如果在拥有足够的数据之前得出结论，那么对话很容易走向错误的方向，特别是教练对话。

在以上特定的故事中，你一开始了解了一个事实，随后得到了更多的信息，最后以不同的方式看待同一个事实。事实仍然是那位女士购买了一双 800 美元的鞋子，但你现在对她的看法有所不同了。在教练过程中，你要消除过早得出结论的倾向，并学会如何根据新的信息来重构之前得出的结论。很多时候，这些信息会改变故事的全貌。

重构可以将事实与看法区分开来。它还可以消除由于客户对一个情境的解读所带来的一些压力和情绪。以下例子可以很好地解释了如何在教练中运用重构的技巧。

> 提姆站在梯子顶端。父亲知道提姆恐高，于是叫提姆跳下来，并说他会在下面接住。提姆毫不犹豫地跳下梯子，父亲往后退了一步，提姆摔到了地上。

你认为这个故事中发生了什么？

以下是一些可能的初步解读。

- 父亲试图给提姆上一课。
- 父亲刻薄且残忍。
- 提姆被背叛了。
- 父亲故意往后退。

以下是故事中的事实。

- 提姆当时在梯子上。
- 提姆跳了下来。
- 提姆的父亲当时就在旁边，往后退了一步。
- 提姆摔到了地上。

假设提姆长大后雇了你做他的教练。他说："我爸爸是个骗子，他从来不在乎我。我小时候有一次爬到了梯子上，爸爸让我跳下去，说他会接住我。结果他后退了一步，让我直接摔到了地上，所以他是个骗子，显然他并不在乎我。"你能看出提姆为何会带着这个故事来找你吗？你知道人们是如何根据过去的经历得出结论的吗？

请注意，许多客户并不知道如何区分事实和看法。你的角色是重构看法，让客户能够以不同的方式看待同一组事实。关于重构，我会使用一个简单却极其有效的问题（如果合理使用的话）。

"有没有可能其实是……"

"如果你知道其实是……那会怎么样？"这个问题同样有效，而且它不是封闭式问题。

在使用这些句式后，你可以根据相同的事实提出一个可能不同的结论。你并不是试图改变客户的想法，而是轻轻推动他们的思维或对他们的思维产生一些冲击，使他们不再像之前那样100%坚持最初的结论。这可能会让他们看到其他可能性。

例如，在以上故事中，假设提姆说："我父亲是个骗子，他眼睁睁地看着我摔到地上，而且他从来没有喜欢过我，再看看他现在对我做的一些事情。这么多年来这些都没有改变。"

你问："提姆，有没有可能其实在你跳下来的那一刻，你父亲没有掌握好距离，他退了一步，以为那样可以接住你，但是他想错了？"或者"有没有可能你知道其实他的本意是想接住你，但他估错了距离呢？"你可以想出任何解读，例如：

- 在你跳下那一刻，他打了个喷嚏。
- 在你跳下那一刻，有人在后面拉他。
- 在你跳下那一刻，他被一声巨响吓了一跳。

你编造什么内容都无关紧要，因为99%的情况下，客户都会说："不，事情不是那样的，那是不可能的。"

然后，重复你的解读，因为实际上这是客户的信念，而并非事实。"提姆，我知道你并不这么认为，但是有没有任何可能你父亲没有掌握好距离，他以为那样可以接住你？"

提姆回答说："嗯，我猜那是有可能的。我不认为那就是实际发生的，但我猜那也是有可能的。"就这么一丁点对这个新的可能性的接受，就足以降低提姆对之前那个解读的执念（他之前100%相信那个解读）。

通过问题来重构，也可以帮助客户看到他们遗漏的一些显而易见的信息。再来看一个改变人生的重构例子。

马克告诉我他非常热爱打篮球，但令人遗憾的是，他的身高只有1.65米。他想参加比赛，但由于身高的原因，他极少有机会拿到球。他总觉得自己被高个子球员主宰。我问了一个问题，改变了他的思考方式："如果组建一支同样热爱篮球，身高和你差不多的队伍，这样就不会有身高问题了，这对你来说怎么样？"

马克真的从未想过这个选项，他真的认为自己唯一的选择就是放弃篮球，选择其他运动。

提出一个可以提供不同视角但不给出建议的问题可以重塑一个人的思维。

我跟一个朋友说过关于另一个朋友做了件让我不安的事情。朋友听了之后问我："玛莉安，有没有可能其实他只是太累了？"我回答说："噢，不，不可能。"她接着问："但是，玛莉安，有没有任何可能他只是太累了？"我不得不承认有这个可能，因为我不知道当时到底发生了什么。这只是我的猜想，是我脑海中的故事。因此，当她第二次问"有没有任何可能"时，我不得不承认，"那是有可能的"。当我承认了这一点时，我感觉那种不安的感受松了下来，尽管我仍然不知道到底发生了什么。即使她只是将我的思维打开了一条很细小的缝，也足以消除"事情就是这样的"那种强烈的感觉。

不适合重构的情况

关于重构，你需要注意一个很重要的点：客户可能并不需要对事情做出新的解读。在这种情况下，如果你不断地询问客户以进行重构会显得很烦人。只有当客户被某个问题困住了，无法继续前进时，才可以进行重构，否则你就相当于不请自来。你并不需要为每个和你交谈的人进行重构。

当客户不愿意放下他们的信念时

在极少数情况下，客户还没有准备好，或者无法放下他们所相信的东西。尤其是当他们相信的东西是基于他们的某种价值观时，如"我们需要始终善待他人"。即使是这样一个听起来很好的价值观，如果客户所做的牺牲对他们的健康造成了损害，也可能会对他们的幸福产生负面影响。你不能强迫客户放弃一个限制性想法，但你可以通过指出他们对事情的抱怨或不满来帮助他们认识到，他们的思考方式并没有以最佳方式为他们提供服务或带来好处。如果他们意识到这一点，至少会有动力考虑采取一些不同的行动。

发生转变的迹象

在教练对话的任何时刻，客户都可能发生转变。转变并不一定是一个大的"啊哈"时刻。通过教练的回放和直接沟通，转变通常在整个教练对话中发生。以下是一些转变发生的迹象。

- 客户拖着"嗯"的长音，也许之后会边想边说。
- 客户的语调发生了变化，如嗓门更大了、声音更柔软了、他们笑了、能量更充沛了等。
- 在你提出一个问题后，如果客户陷入了沉默或较长时间的停顿，表明他们在进行深入的思考。
- 客户说出了类似"我之前从未这样思考过"的话。

回顾

在对话中，当你感觉到客户的思维或感受发生了转变时，进行回顾是合适的。回顾是指将客户在对话初期的情感和渴望与他们在当前对话中的位置联系

第10章 促成转变

起来。这为客户提供了反思自己的进展、总结自己的觉察，并了解自对话开始以来出现了多少个转变的机会。

回顾相当于一张晴雨表，用于测量并确定客户的进度，客户是否还有更多的需求，以及他们是否对自己目前的进展感到满意。它展现了你与客户之间的协作和伙伴关系。

下面这个简单的问题可以帮助你进行回顾："在我们的对话开始时，你感到（困惑/沮丧/烦恼/好奇/希望做出决定）。现在你觉得怎么样？"这种方式可以巧妙地让客户自己做总结，并告诉你他们吸收和整合了多少信息。这种方式还为你提供了信息，有利于你知道在接下来的对话中客户可能还需要些什么。在客户发生明显的转变后，通常是时候结束对话了。

在对话的任何时候，尤其是当你感到迷茫、不确定要如何继续时，都可以与客户进行回顾。"到目前为止，我们一直在讨论××。此时，什么会对你有帮助？"

我经常听到教练在总结时会告诉客户目前讨论了什么，但这不是教练需要做的。与其总结客户在对话中的收获，还不如让他们自己告诉你从对话中吸收了多少，以及他们发生了哪些转变，这会让你获得更加有用的信息。

客户在回顾中所分享的大部分内容都是关于情况的改变的，他们很少会关注自己的转变。因此，在回顾之后，跟进一个关于他们自己的问题会很有益。例如，"通过对话，你对自己有什么发现和了解？"通常客户比较愿意回答这个问题，这也会激发他们进行更深入的思考。

客户可能会这样回答："现在我意识到，进行谈话比我预期的更容易，所以我更期待明天的谈话，而不再是害怕它。"当客户自然而然地说出行动步骤和时间框架时，往往说明你的教练工作可能已经足够深入了，可能没有必要再深入探讨如何让客户对自己的计划负责了。通常在回顾和跟进问题之间，你会听到客户自然而然产生的一些关于行动的想法。

错过转变

你会发现，在客户发生转变之后继续提出更多探究性问题可能是有害的，这也是教练过程中容易犯的最大错误之一。

当客户安静了片刻，然后说："天哪，我现在感觉好多了，我真的明白了。我需要……"这时，你需要尊重客户。他们觉得自己已经完成了反思，想停下来了，即到达了教练对话的饱和点。客户可能正在消化刚刚发生的转变，思绪中可能还夹带着转变带来的情绪。对话进行到此时，他们已经无法再接收其他信息了。继续提问只会服务你的目标，且会让客户从当下的感受中脱离出来，让他们重新陷入思考。在整个对话过程中，你都可以与客户进行确认，但正如我之前所解释的，当他们的声音、语调、语速发生变化，出现了顿悟或笑声时，提出一个回顾性问题是很重要的。

当然，有时候在对话中没有发生转变或产生顿悟。对话结束后，当客户有时间去回顾或进一步反思之前的对话内容时，转变通常会发生。

有时，转变可能在对话早期出现，在这种情况下，教练会因为觉得自己有义务用足客户预约的时间而继续进行对话。要知道，客户发生转变不一定总是要花很多的时间，教练对话也可以是相当短的。尽管时间很短，客户仍会获得巨大的价值且感到满足。此时，确认客户眼中的进程和他们接下来想做什么是至关重要的。他们通常会很满意地结束对话，并付诸行动。教练对话不是时间的堆砌，而在于提供价值。

思维的转变可能是客户感受到的最强大的体验之一。有时，仅通过获得新的信息就可以完全改变客户的想法。

对转变处理不当

在对话的这个阶段很容易出现问题。许多教练在促进客户发生转变时都会犯以下错误。

第 10 章 促成转变

- 相信客户所说的就是真相。
- 不相信客户那些关于改变的想法是由他们的限制性思维产生的。
- 不知道何时应该指出客户当前情况中的痛苦。
- 创造了一种看待限制性信念的替代方式，而不是创造真正意义上的新视角。
- 没有弄清楚导致客户陷入困境的潜在核心信念（想法）。
- 对客户本身的探索不够深入——过于关注客户的情境或故事。
- 认为客户的恐惧是合理的。
- 没有发现客户最终的渴望与他们的现实情况不符。
- 评判客户的限制性信念，认为它们是愚蠢的或毫无根据的。

如果你能够牢记"不要轻易相信客户"这句话，就能培养自己的好奇心。你的重点应该放在倾听什么是事实、什么是看法上，这样才能帮助客户弄清楚对他们来说什么才是真实的，从而向前迈进。

请注意，无论是帮助客户合理地重构还是促成客户转变，都需要不断地实践。对大多数人来说，这是一种新的对话方式。不妨先从留意杠杆的支点和识别错误思维开始。随着时间的推移，你的教练能力会得到提高。你也可能会在学习过程中遇到困难。别对自己太苛刻，随着经验的积累，一切都会变得更容易。

反思问题

- 对于本章介绍的几种促成转变的技巧，你愿意尝试哪些？
- 你如何看待这个观点：90%的人因为想远离痛苦而试图做出改变，而只有10%的人因为想追求幸福而做出改变？这个观点对你的教练工作可能会产生什么影响？
- 本章提到，客户的行动方案是在他们的思维发生真正的转变后自然而然产生的，因此不需要通过强调客户如何自我监督来确保行动完成。关于这一点，你怎么看？

第 4 部分

教练对话的结尾

第11章

推进和结束对话

> 如果大家一起向前进步,那么成功自然会发生。
>
> ——亨利·福特(Henry Ford)

教练对话的解构

直击核心的教练思维模式

开端

(1)开场问题

(2)客户故事

(3)听完故事后提出的第一个问题

(4)对话合约

中间

(5)辨别真相和看法

(6)思维上的转变/改变

(7)回顾

结尾

(8)附加问题(可选)

(9)支持体系和资源

(10)结束对话并支持客户取得的结果

任何对话的最后一个要素都是结尾。教练与客户的伙伴合作关系必须在整个对话中得到体现，尤其是在对话的后半部分。在教练对话结束时，客户处于"处理"模式，而且已经准备好实施他们学到的东西。如果教练对话深入到位，客户会自动创建前进的行动步骤。

附加问题

客户经历了转变之后，会到达一个饱和点，此时是将对话收尾的最佳时机。通常，你能够发现客户的思维何时发生了变化，因为他们的话听起来更乐观、放松或释然。然而，如果你听到或感觉到客户关于前进的任何犹豫，便可以询问客户有什么潜在的障碍可能会阻止他们采取行动："什么可能会阻碍你……"

如果客户看上去已经准备好前进，并且你已经回顾并询问了他们对自己新的了解，那么你还可以考虑用一个附加问题来探讨新视角会如何影响他们生活的其他方面。这个问题可以拓宽对话和探索的范围。例如，"现在你意识到设定边界是一个问题，在你的生活中还有哪些地方会发生这种情况？"

只要你的问题不是在向客户泼冷水，那它就是合理的。请记住，在经历思维转变之后，许多客户已经到达饱和点了，不再愿意回答更多的思考性问题或细节性后续问题。因此，你需要评估客户的情绪状态，以确定附加问题是否会给客户带来价值。

结束对话——建立支持途径

一旦你意识到客户已经有所收获，感觉相对满足了，且他们的行动计划也自然地表述出来了，就有必要帮助他们利用环境来支持他们。

例如，"[现在你知道你想做什么/准备做什么了，]有没有什么人或事物可以支持你？"这个问题很重要，在前进过程中，你希望客户在生活中不只依赖你。你的目的是让客户创造出他们自己的支持环境和资源，以进一步实现他们所规划的行动。

有的客户可能会问谁能够帮助他们。例如，"我今晚会和我丈夫谈论这个问题。""我回家后可以和我姐姐聊一下。"有的客户则可能会思考什么能够帮助他们。例如，"我只需要写写日记。""我只需要静下来想一想。"如果他们说自己不需要任何外部帮助，那也可能是完全合理的。

创造前进的动力

如果客户的转变足够深入且足以改变他们的思维方式，那么他们几乎每次都会自动制订计划或行动。他们会自然而然地想做出改变，融入新的视角。当然，这是理想的情况。

然而，如果向前迈进的动力没有自然地产生，你就需要为客户提供支持，以便他们实施新的行为。与客户协同探索各种选项，以创造前进的动力。客户的行动方案应与他们的能力水平和处境相符。你的作用是建立和增强客户的信心、直觉，以及可持续成长的势头。

携手合作

你可以与客户合作（或者让客户独自进行）来设计与他们期望的结果一致的行动或思考方式，这些行动或思考将在教练对话结束后进行。你的方法应该是协作式的，而不是家长式的。

家长式意味着给客户分配一些任务，好像你是他们的家长，确保他们完成作业一样。例如，你问："你愿意在这周做一些尝试吗？"当他们说"好"时，你说："很好。以下是我希望你做的。"这是家长对孩子说话的方式。

在协作式下，你和客户共同决定他们如何督促自己。有些教练把自己困住了，因为他们觉得自己有责任制订行动计划和/或"微操"客户的进度。这不仅暗示着客户不是一个有能力的成年人，而且意味着教练不相信客户所承诺的东西。希望你不会试图成为管理客户进度的唯一支持人，而是认识到在前进过程中，更实际、更有用的是帮助客户创造他们自己的支持环境。

邀请客户进行试验

有的教练经常会要求客户在教练对话以外完成一些任务。他们称之为作业、实地工作、任务、行动步骤等。我个人倾向于避免使用任何让人联想到学校的词语。"试验"一词更具有邀请性质，暗示着某个尝试可能有效，也可能无效，从而消除了客户非要做出成绩的压力。

行动也不一定是要做某事。它们可能是思考或创造，有时也可能是不做任何事。有时候，根据具体情况，让客户保持现状也是可以的。客户对你建议的行动不一定感兴趣。例如，有的客户可能对写日记或视觉练习提不起兴趣。因此，比较谨慎的做法是询问客户他们认为最有帮助的方法是什么。

> 比尔是一位始终很忙碌、不停地行动的客户。他总是让自己很忙。他的待办清单中总是有很多事情。尽管他要求教练和他一起制定行动步骤，但有时候问一句"你觉得如果尝试在某天什么都不做怎么样"，可能会很有帮助。有时候，什么都不做也是一个很好的尝试。

为客户的成功铺路

每位客户都是独一无二的。有些客户热情洋溢，愿意迅速做出重大改变，有些客户则被各种要求压得喘不过气，需要更慢的节奏。以下示例展示了一些针对个别客户量身定制的方法。

> 贾斯敏想改变自己的职业，成为一名室内设计师。由于没有经验，她想知道室内设计师平常的一周是什么样的。
>
> **教练**：有什么好的方法能够让你了解室内设计师平常的一周呢？

贾斯敏：询问从业人员，或者做一些研究。

教练：你认为这周询问多少人来获得你想了解的信息比较合适？

贾斯敏：我想我可以和一个人打电话聊一下。

教练（把客户的回答作为晴雨表）：你愿意试验一下，在接下来的一周内和两个人交谈吗？

如果教练问的是"找10个人交谈怎么样"，那么贾斯敏很有可能最后一个电话都没打，因为她提议的是打1个电话。让客户走出舒适圈是一回事，要求太多（或太少）是另一回事。所以，你需要根据客户的反应来判断应该施加多少挑战。

安琪拉希望增加每周锻炼的次数。

教练：你认为一周锻炼多少次比较合适？

安琪拉：在接下来的一周，我打算每天都锻炼。

教练：那听起来像一个巨大的承诺。在未来一周内至少锻炼3次怎么样？

教练希望安琪拉能够取得成功，而不希望她因为目标设定得太高而感到负担重。安琪拉可能会每周锻炼3次以上，但不太可能达到7次之多。挑战你的客户很重要，但你也可以允许他们少做一些事情，以便让他们取得成功。

> 为了让客户更有力量，可以先让他们提出一个行动步骤（以及实施频率，如果相关的话），然后将客户的原始想法作为计量表，考虑调整他们的行动计划以确保他们取得成功。

很多时候，客户会在没有任何提示的情况下主动报告他们的进展。尽管如此，如果你认为之前商定的行动没有发生，就要了解其中的原因。

在我的教练生涯早期，在我学习如何持续地促成客户产生深刻的转变进而自然而然地产生行动之前，我会邀请客户考虑只在未来一周内采取他们想到的行动。这减少了他们的压力，使他们更容易养成未来继续执行的习惯。

直击核心：通向卓越教练之路的革命性方法

结束教练对话

你必须以合作的方式与客户结束教练对话，并且让客户有机会说他们是否已经完成了本次对话的目标，以及他们是否还有其他需要。这不应该是教练单方面做出的决定。

"关于这个主题/在这次对话中，还有其他可能对你有帮助的事情吗？""现在是个合适的时点结束我们今天的对话吗？"这些问题展现了合作性。在问题中包含"关于这个主题"或"在这次对话中"这样的词语至关重要，以免客户开启一个全新的话题。这种结束方式能让客户在是否结束对话上拥有平等的发言权。

如果客户在这时说："哦！我还有一件事想探讨一下。"此时，为了体现对客户的尊重，你可以询问一下话题是什么，然后做出决定。（你也许听说过"门把手综合征"，它指的是医生问诊结束后，为病人开门，正准备送走病人，这时，病人突然又想起了一个病症。教练对话中也有类似的情况。）如果你觉得这不会花很多时间，可以与客户快速探讨一下。否则更合适的回应是："听起来那需要另一次对话去深入探讨。我们可以在下次对话中具体聊。你觉得呢？"

支持，而非助威

> 提醒人们他们是谁，而不只是称赞他们所做的事情。
>
> ——托马斯·J.伦纳德（Thomas J.Leonard）

如果你能在教练对话中真诚地给予客户支持，客户会感到被认可。如果你充当客户的啦啦队队长，替他们助威，说了"哇""太了不起了"之类的词，这是不合适的。

最后，在对话快结束并且客户已经进行了很多深入思考时，你有另一个机会支持并认可他们取得的进步。

你的分享应该包含上下文，使其具有肯定的意义。例如，"你确实做了大量的反思来认识到××对你的重要性。""我承认这个问题确实错综复杂，而你一直没有放弃。"

整合所有要素

在下面这个例子中，教练对话包括了本书迄今为止所有讨论过的关于直击核心的教练方法的内容，包括提炼故事核心、找到问题的根源和制定永久性解决方案。你会注意到教练对话解构中的要素贯穿整个对话。我把我在对话时的想法和推理包括在内，以强调直击核心的教练方法的关键原则。

玛莉安（教练）：维尔玛，我们有大约30分钟的时间。今天我们可以关注什么从而为你带来改变？

维尔玛（客户）：好的，我想想从哪里开始。还记得上周我说过，我的房子闹了一次小水灾，现在已经修好了。然后在周日，房子里又发生了一场小火灾。好在大家都没事，只是一个壁橱被烧焦了。这就是为什么我现在脑子很乱，真的不能再出现其他状况了，我受不了了。

好吧，进入正题，我认识这个女人很长一段时间了。那个时候我还在教书，我教过她，她是我最好的学生之一。她做什么都很出色，有很多优点。你知道吗？唯独她欠我的支票从未按时寄来过。就是那种情况。

我和她在同一座城市，隔得有点远。她说她附近的邮局效率非常非常低，所以支票一直没有寄到。

借口一堆。我真的很讨厌。后来我换了行业，我们也就失去联系了。

再后来我们重新建立了联系。她做了相当长时间的热门电视节目制作人。离开电视行业之后，她决定自己创业，帮助人们进行公开演讲。就这样不知怎么地，我们又重新联系上了。她告诉我她正在做的事情，我说："我确实有一些教练客户，他们可能会需要你的服务。"她说："那太好了，也许我们可以相互推荐，我把人推荐给你做教练，你把人推荐给我做公开演讲。我们给彼此佣金。"于是我们开始了这种交换。实际上我给她介绍了不少客户，她应该寄给我佣金支票的。但这就像拔牙一样痛苦。

事情总是出状况。我花了几个月才拿到佣金。我真的恼火极了。我在想："我究竟为什么要这么做？"我越来越恼火。

最近，我又给她介绍了一位一次性客户。这大概是 3 个月前的事了。到现在我还没有收到她的支票。我问她，她回复说："支票已经寄出了。"但等了 4 周我也没收到支票。于是我问她："那张支票呢？我还没收到。"然后就在昨天，她给我发了一封邮件说："非常抱歉，你的支票在我准备寄出的一堆东西里。但是我 90 岁的母亲髋部骨折了，她住在另一个州，我得去看她，现在我刚从那里回来。我没有你的地址来寄支票。"读到这里我气死了。我实在忍不住回复说："那你之前是如何寄支票给我的？我地址没有变，但我再发你一次。"

我想问她一个问题，一个与教练不相关的问题。在我和你的这次对话结束之后，我要约她聊一下。但我想："我真的还需要和她聊吗？"我不知道聊了会不会有用，但我真的是忍无可忍了。当然，现在我又飞来横祸，房子一会儿闹水灾，一会儿起火。我只是有点质疑自己："我究竟在做什么？"这就是我的情况。

玛莉安：维尔玛，很抱歉最近你家里发生了那么多糟糕的事情。看起来这个女人迟迟不付款确实消耗了你很多精力。然而，你在早前就收到了很多警示信号，但你仍然继续这样做。我只是很好奇，这是怎么回事呢？

（我认可了她家中的麻烦事，然后通过分享观察和针对维尔玛的行为进行提问来直指问题的核心。迅速识别边界主题——忍受不可接受的行为，有助于我提出第一个问题。）

第 11 章　推进和结束对话

维尔玛：我似乎不太会吸取教训。我需要经历大量重复的事情才能够真正吸取教训，并明白这个情况不会变好了，或者这段关系不会奏效了。

玛莉安：那么，在我们的对话中，什么对你来说是真正有帮助的？（我并不清楚她在对话中想要什么，像这样的情况在我的教练经历中并不多见，因此我提出了这个问题。）

维尔玛：我想知道如何才能避免如此多的重复。像你说的，及早看到警示信号，然后尽早切断联系，而不是拖到最后。而且，我马上要和她聊了，但我不知道要说什么。我不想和她竞争，也不需要向她强调我在这一年给她推荐了多少客户。但也许我应该这么说。我不知道……我想可能是关于如何处理我的烦恼吧。

玛莉安：我听到你说你被这个女人惹恼了，但是听起来更像你对自己感到烦恼。这里面有什么是真实的吗？

维尔玛：是的，我似乎很生自己的气。这似乎是一种模式，我不想一遍又一遍地重复。我已经受够了。我想知道应该如何注意到早期警示信号并及时切断联系。

玛莉安：维尔玛，我能理解你希望避免这种糟糕的情况再次发生。你觉得什么会有助于你注意早期警示信号？

（深化对话合约。）

维尔玛：这是个棘手的问题。嗯，我不得不说，你非常有洞察力。是的，烦恼不仅是对她，也是对自己，也许更多的是对自己。那么，我会……什么会对我有帮助……什么会有助于我发现早期信号？

玛莉安：你觉得什么会有助于你发现这些早期警示信号？

（进一步深化对话合约。）

维尔玛：我认为我应该降低对这类情况的容忍度。不仅对警示信号，对行为也不能这么容忍，要马上采取行动，而不是给别人一次又一次机会，然后爆发。这是我的习惯做法。我允许别人好几次踩到我的脚,然后在第 N 次之后,我才意识到:"等一下,到底什么情况?"然后对方不知道我怎么了,因为我的表现与平常大不相同。因为之前压抑了很久,所以也许我要早点表达。

玛莉安:嗯。

维尔玛:我也以某些形式表达过,但你知道,有些人就是不听。你知道的,他们就是无视你说的。这个女人就是这样的人。

("有些人就是不听",这暗示着她在责怪他人,而没有承担自己的责任。)

玛莉安:你知道这让我想起了什么吗?当人们对他们的狗说:"菲多,过来。菲多,快点。菲多,我们得回家了。快来。"你听过这样的话,对吧?然后,你会听到另一个人严厉地说:"菲多,立刻过来!我们回家了!"当你听到这个例子时,你如何看待你的表达方式?

(该示例展示了两种不同的沟通方式的区别,客户可以听出来。)

维尔玛:我敢肯定其中有一定的道理,因为,你知道,我感觉如果我必须给你发送 3 封邮件才能拿到支票,你就应该知道我已经很恼火了。但你知道,他们不会想了解我的想法,他们不在乎。这个女人很会占便宜,她会故意拖延时间。所以,是的,她没有听到。她之所以没有听到,是因为我没有说:"快告诉我支票在哪里?"我不知道。我该怎么说出口呢?这就是我需要帮助的地方。就像我觉得我说了,但显然我没有说好。我应该怎么说?

(尽管客户提出了这个问题,但让我们先把这个问题放一边,请留意以下两种态度的区别。)

玛莉安:嗯。有一种被我称为瞻前顾后、摇摆不定的态度,如"我不高兴。我不喜欢现在发生的事情"。与之不同的态度是"我不会容忍这件事情的"。两者之间有很大的区别。那么,根据你所说的——"但我表达了,他们就是不听",如果你非常清楚地表示"我需要收到支票,否则我们就不再合作了",这对你意味着什么?

第 11 章 推进和结束对话

维尔玛：听起来有点可怕。虽然我是一个坚强的人，但我同时也是一个带着三个孩子的单亲妈妈，所以我内心又觉得做人必须善良，必须友好。而且我的文化也不是那么干脆利落的。所以这样彻底断绝关系感觉有点吓人。但是……你明白吧？

玛莉安：那现在一边是"我可以继续按照我一直以来的方式做事情——做个老好人，经常感到恼火，被人占便宜，并不断地付出，而她却在索取"；另一边是"我可以尝试说一些像'听着，我受够了，到此为止吧'这样的话，尽管这样会有点可怕，但也许这会奏效，对方也许会接受，也许不会"。你想怎么做？

（认识到杠杆的支点非常重要。注意在认识到杠杆的支点之后，客户提供了多少相关信息。）

维尔玛：不，我的意思是我不想再冗长地回应了，但我必须补充一下，是的，当然。我不想再做那个……我不想再做老好人了，因为那对我来说行不通。就在发生水灾和火灾的那一周，因为我的前男友，我不得不要求法院发布保护令，然后他们对他实行了限制令，因为他根本听不进去。我已经跟他说了一年半同样的话了。他还是不断地找上门来，试图要和我见面，还不断地给我发邮件。我不得不报警，让他们介入，警方觉得事情在升级，需要做出干预。但是你看，我在这样的情况下竟然无助到这种程度。所以是的，我需要改掉这个毛病。

（注意，"边界"这一主题在她生活中的其他地方出现了。）

玛莉安：好。对这个女人，你想做什么？

维尔玛：我想找到合适的语言告诉她这是不可接受的。

玛莉安：如果你可以毫无顾忌地对她说任何你想说的话，你想说什么？

维尔玛：我想说："除非事情能够按时完成，否则……"但那似乎还不够强硬。

玛莉安：对，不够。听起来你还像个老好人。别做老好人。你真正想说什么？

（由于维尔玛第一次没有回答，我又问了一次，仍然没有得到回答。）

维尔玛："一旦收到客户的付款，立即给我支票。不要再让我通过发3封邮件来要钱了，否则我不想和你合作了。"

玛莉安：听起来很强硬、很坚定。现在，你怎么说才能让她听进去呢？

维尔玛：那么，我会说："我真的很喜欢和你合作。我们拥有过共同的客户，他们从你的公开演讲中受益匪浅，也从我的教练服务中获得了成长，我希望这样的关系可以变得更好，如果你在佣金支付方面能有所改善的话。而且……"

玛莉安：我希望你能看到我此时的表情。我的脸上写着："你是在开玩笑吧？"

维尔玛：我需要在措辞方面得到帮助。

玛莉安：好的。你真正想说什么？

（再次重复问题。）

维尔玛：我想说："我需要在教练对话完成后的一周内收到支票。"然后她会说"好的"，我不相信她的话，但我不在乎了。"我必须在一周内收到支票，否则我就不会再向你推荐人了。"

玛莉安：那么现在，你打算对她说什么？

维尔玛：我能不能就说刚才那句话？

玛莉安：可以。

维尔玛：好的。那就是我想对她说的。

玛莉安：我们在对话刚开始的时候谈论到你的沮丧，现在我们在发现早期的警示信号方面进展如何？

（在她的语气发生了变化之后，这是一个机会来邀请她回顾并看看对话的进展。）

第 11 章 推进和结束对话

维尔玛：我不知道，我真的不知道。这个问题挺难的。因为如果某人只对我做了一次我不接受的事，这是否足以构成警示信号？还是说我必须等到第二次再说？

玛莉安：你怎么看？

维尔玛：我认为一次就够了。

玛莉安：这得由你来决定。

维尔玛：你知道吗？唯一的问题是，当我们在对话的时候，当你告诉我这些的时候，我心里七上八下的。那对我来说实在太难了。你知道吗？这太愚蠢了。我的意思是，我大概听起来像个大傻瓜。但问题是，你知道，我总是想给别人留点余地。

玛莉安：可以理解。那么问题就变成了：到底留多少余地呢？

（注意，我没有被她的"大傻瓜"这样的言论影响而转移到其他话题。）

维尔玛：比我过去留的少一些。是的。当然，其中涉及一定的代价。如果换作我的客户，我会问他们："代价是什么？"当然，但我就是……你知道吗？不知道为什么放在我自己身上就很难。我不知道怎么回事。而且这是我一生中反复出现的问题，我觉得我从未对那些人表明过后果。

玛莉安：如果你真的和某个人说清楚并设定一个后果，你害怕会发生什么？

（找出维尔玛一直以来的恐惧并提升她的觉察。）

维尔玛：我害怕他们会离开。

玛莉安：然后呢？

维尔玛：是的，的确如此，没什么大不了的。如果他们不听，那他们就应该离开。我知道了，我知道了。这就是想讨好别人。除了讨好别人，我想不到其他什么原因了。

玛莉安：嗯。所以你的恐惧就是他们会离开。正像你刚才说的，这些人应该离开。在你学习设定这些边界或识别这些警示信号的过程中，有没有什么人或东西可以帮助你？

（寻求外部资源来创造她的支持环境。）

维尔玛：恐怕这必须由我自己完成，这也是我要对自己负责的事情。我想不到有谁可以帮助我，因为这是我和对方之间的事。显然，这个世界上那么多的理论都没能真正地推动我这个问题的解决。我知道从理论上讲我该怎么做，所以我需要的是实践这些理论。

玛莉安：维尔玛，通过我们的对话，你对自己有什么了解？

维尔玛：我一直太害怕表明后果了。我让别人……我给了他们太多的余地。当我注意到别人没有听我说话时，我必须告诉他们我是认真的。我一直以为我是这样做的。现在我知道我真的没有。真的要去做的时候我仍然会感到有点害怕，但我知道我必须这样做。

玛莉安：当人们设定明确的边界时，因为没有试过，所以一开始可能会感到有些害怕。然而，经过一段时间的实践后，这会变得容易得多。你怎么看？

（让客户明白，害怕是正常的，并问他们对此的看法，这一点很重要。）

维尔玛：那就好。我想练习，因为我已经厌倦一遍又一遍地重复了。我知道我必须采取不同的做法。很高兴我能在今天的对话结束后马上行动，看看效果如何。

玛莉安：听起来你已经在改变你的模式了。在这次对话中，你还有什么需要吗？

（以合作的方式结束对话。）

维尔玛：你能替我打电话给那个女人吗？

玛莉安：我没有问题。但是你才是需要练习的那个人。

（两人发出笑声。）

维尔玛：谢谢，这次对话很棒，非常有帮助。我收获了非常有意义的见解和观察，整个对话都很好。

玛莉安：维尔玛，谢谢你愿意勇敢地面对这个问题。这个模式已经持续了相当长一段时间。现在看来，通过一些实践，你可以避免一些不愉快的情况。

（强调客户取得的进步。）

维尔玛：是的，我很高兴最终能够采取不同的方式来面对这个问题。

（对话结束。）

正如你所看到的，我为教练对话的开端、中间和结束制定了大纲，这使我的教练工作关注在真正重要的内容上，并且易于为不同的客户量身定制对话内容。在对话的不同部分，你会创建属于你自己的回放和问题。如果你遵循这个总体大纲，你将既快又准地直击每个客户最核心的内容。更重要的是，你的关注点将放在客户身上，而不是他们的处境。在维尔玛的例子中，所有的问题都是围绕维尔玛提出的，而不是围绕她的处境，也不是围绕另一个女人。

反思问题

- 关于结束教练对话，你目前是否有任何困扰？
- 如果你将客户作为衡量未来采取行动（时间、频率和次数）的晴雨表，可能会发生什么变化？
- 你如何区分支持者和助威者？了解这种区别后，你的教练对话可能会有什么不同？

第 5 部分

精湛的教练技术

第 12 章
直接沟通的核心

手腕能让人满怀憧憬地走向地狱。

——温斯顿·丘吉尔（Winston Churchill）

在教练对话中，有时候向客户传递一个非常直接的信息是有益的。虽然直接沟通常常被模拟或演示，但它不一定会作为一项单独的教练技巧来教授。这项技巧是关于如何选择合适的词语来进行直接沟通的。如何说一件事可能比说什么更重要。

当你的内心和思绪清晰时，你就能简单而直接地表达。如果你被"应该""如果"、情绪或判断所困扰，你表达的信息就会变得模糊。

请注意一个重要的区别：指令性与直接性。当你的话具有指令性时，你是在告知或建议，而直接沟通意味着用中立的眼光分享你注意到或观察到的事物，并征求对方的回应。

直接沟通的目的

直接沟通的目的是立即让客户看到他们实际面临的情况。这是一个分享你的想法、直觉、观察和反馈的机会，而你必须不带评判、执着或批判地分享。关键是不要执着于你认为正在发生的事情，不能认为自己一定是对的，也不要期望客户认同你的观察。你应该愿意放下任何可能的结果。无论你的观察是对的、错的、还是完全偏离实际的，都有助于客户在某些方面创造觉察。

你的任务是做客户的一面镜子，不偏不倚，并充当外部的、客观的观察者。你应该保持中立，不能将自己的情感投射到分享的内容上，也不能夹带自己的议程。当你使用直接沟通时，你会为客户创造觉察。

使用直接沟通时，你可能会有以下一些担忧。

- 你会伤害客户的感情。
- 你会冒犯客户。
- 你会坏了自己的名声。
- 你说的可能是错的。
- 客户其实并不想听到真相。
- 客户尚未准备好听到真相。
- 保持沉默比表达意见更安全。
- 如果你告诉客户该怎么做，你会觉得自己负有责任。
- 其中最大的风险是：你担心会因此丢了客户。

在教练过程中，人们的脑海中会有很多想法、思考甚至评判。有些想法可能是："那太疯狂了。""我不敢相信他竟然那样做了。""他没过脑子吗？""我是不会那样做的。"当你的脑海中出现这样的杂念时，说明你需要使用直接沟通。如果你不在这些想法产生的那一刻就把它说出来，那么你接下来提出的每个问题都会被你的想法所左右，而且你越晚说出来，就越觉得尴尬或难开口。

有效地处理这些杂念会让你的教练效果得到大幅提升。"直言不讳"是一个很好的理念，但实际上，除非你用一种客户能听进去的表达方式，否则你可能会损害你们之间的关系。

所以问题是：在教练过程中，应该如何处理你的想法和评判？

假设你认为离婚是一件非常糟糕的事，或者你的客户很有钱，他们把钱花在与你的价值观完全不符的琐碎事务上。如果你意识到你无法保持客观，因为你与客户的价值观相差太大，那么你必须告诉客户这一情况，并让他们知道你不是最适合他们的教练。但是，如果你不赞成离婚，而客户来找你谈论的是有关职业生涯转变的话题，那么你仍然可能保持客观并与该客户合作。

第 12 章　直接沟通的核心

在几乎所有对话中，你都需要倾听存在矛盾的地方，或者并非客户真相的事物，这些方面可能会以各种形式呈现出来。它们通常表现为："我想要 A，但是……"客户先说了一件事，然后反驳它，或者他们说的某件事根本说不通。这时候就需要使用直接沟通。

> 琳达在谈论她和她老板之间的问题，她非常不高兴。她说了许多关于他们关系的细节，并且因为他，她正在认真考虑离开公司。在对话的后半部分，她说："我能够处理这些事情，我老板的为人还挺好的。我现在感觉还不错，今天可以到此为止。"她的教练接受了这一陈述，以为对话到这里就可以结束了。

遗憾的是，这位教练错过了质疑琳达的机会。他本可以提一个问题，帮助琳达探索为什么她后来说的内容与对话开始时所说的完全不同，从而开启一个富有探讨意义的话题。如果琳达真的想结束讨论，那么教练必须尊重她的决定，同时认识到这个问题很可能会在以后的对话中再次出现。

下面比较一下教练对话中的间接沟通与直接沟通。

> 弗兰说："我觉得收取教练费用好像有些不妥。我没有很多经验，而且最近才完成培训。因为我并不真正了解自己在做什么，所以我觉得自己像个骗子。"

新手教练在回应以上陈述时往往会使用间接的措辞。间接沟通可能表现为以下几种行为。

- 稀释信息："你可以做些什么来让自己感觉更好？""这让你有何感受？"
- 拐弯抹角："如果你对你目前收费的做法感到不妥，你可以做些什么来改变这种情况？"
- 过于注重措辞或语言冗长："你说你没有很多经验，对自己缺乏信心，这似乎意味着你觉得自己不应该得到报酬，好像其他教练能做得更好……"
- 忽略客户的分享："你想要什么样的感受呢？""你想从今天的教练对话中获得什么？"

"你不够真实,你觉得呢?"这一表述则显得太直接。如果你的沟通所带来的影响足够直接而深刻,那么就不会引起对方的防卫心理,但你的表达方式需要软化。例如,"听起来你好像有一种不够真实的感觉,觉得自己像个冒牌教练。你怎么看?"

当你想使用一些"严厉"的词语时,如"受害者""冒牌""自私",先定义这些词语是很有帮助的。当你使用类似"听起来你好像有一种无力感,就像受害者可能有的感觉"这样的表述时,客户更容易接受。

> 最重要的是,不要削弱或改变信息。相反,请软化传递信息的方式。

查理想再婚。他说:"我已经等了一年了,我很想认真地与对方交往,但不知什么原因,我没有取得很大的进展。"

我对查理的陈述的初步解读是,他想要某样东西,但它没有发生。我可以选择问:"是什么阻碍了你的进展?"或者"如果你找到了一位很棒的女士,她符合你大部分的标准,并且准备冲破重重困难,这意味着什么?"选择第二个问题并添加上下文似乎更有效,因为它让查理能够分享真正妨碍他的原因。

查理回答说,如果他找到了合适的伴侣,意味着他得放弃自由和与朋友们一起玩耍的乐趣。听到这里,我意识到了"非此即彼"这一主题。

我使用了直接沟通:"听起来这对你来说是一个'非此即彼'的情况。你要么单身而自由,要么被束缚而受限。还有什么其他可能性?"

查理的回应是:"天哪!如果我遇到了对我来说适合的女人,我仍然会感到自由,可以和朋友们一起外出。而且我猜,如果真的遇到了适合我的人,我不会觉得自己有那么强烈的经常外出的需要。"

不久之后,查理便开始认真地投入约会,最终他如愿以偿地结婚了。

直接沟通还可以用在客户指责他人的时候。

林茜抱怨说,每次她告诉下属他们把事情搞砸及她有多失望时,下属们似乎都对她很恼火。我觉得她有时给人的感觉是有点傲慢的,

第 12 章　直接沟通的核心

于是我说:"我能理解下属们的反应让你很难受。然而,作为你的教练,我有时觉得我提出的一个问题让你感到很烦。听到我这么说,你想到了什么?"

人们对直接沟通经常有一些误解。教练可能会觉得这像在告诉客户一些他们不想听到的事情,或者可能会因为自己说得太直白而破坏客户关系。因此,为了避免冒犯客户,他们绕开了真正需要说的话。

作为教练角色的一部分——外部的、客观的观察者,当听到某些触发你的思绪的内容时,你有权分享你的感受。当你了解、察觉到或感受到某事时,你应该分享它。教练往往倾向于说好听的话,但这并不能产生真正的影响。尽管你可能不同意客户的想法或观点,但你可以做到接受这一点,并仍然保持中立和好奇。

记住,永远不要改变信息的力度。要改变信息的传递方式。

再看 3 个例子。

吉尔:我计划带着孩子们来一场横跨全国的旅行,我真希望他们能够享受旅行的时光。但是,我的许多亲戚朋友都坚持让我们在旅途中住他们家。这样的话,我就觉得我们不得不去拜访每个人。

教练(直接沟通):听起来取悦别人比为你和家人做最有利的事情显得更重要。这里有哪些是真实的?

彼得:我知道我不应该担心别人怎么想,尤其是当我在团体里的时候。然而,我感觉自己的工作环境太压抑了,我担心自己看起来很蠢,所以我觉得还是不说比较好,保持沉默至少比较安全,尤其是在 CEO 来参加员工会议的时候。

教练(直接沟通,提出挑战性问题):如果人们认为你的沉默意味着你什么都不知道,那你会怎么想?

凯西:我觉得我没有能力进行那种讨论。我不喜欢冲突,所以试了也没用。我只能这样继续下去,感觉不好受。

教练(间接沟通):是什么让你认为那种讨论会引起冲突?

教练（直接沟通）： 你觉得是什么让你觉得冲突比始终感觉不好受更糟糕？

如果你知道不会有任何后果，你会对客户说什么

想象一下，如果可以毫无顾忌地分享你想说的任何话，会有多么自由。虽然在某种程度上这是可能的，但有3条准则需要遵循。

（1）当通过提供观察、反馈或直观感受来进行直接沟通时，你必须在陈述后提出一个问题。例如，你可以这样问。

- 你怎么看？
- 这个（陈述）有什么真实之处？
- 听到我这么说，你想到了什么？
- 对于这个（陈述），你怎么想？
- 听到这个，你有什么感觉？

如果你使用直接沟通，必须与客户核实你的陈述。否则，这看起来就像你在告知对方或你知道真相一样。给他们一个回应的机会以获取准确的数据是至关重要的。

（2）你的陈述中不应该以"你"字开头。否则，这可能会让客户觉得是一种指控，或者好像你比客户更了解他们自己。这会引起他们的防御心理。

下面是一个反例："你听起来很生气。"

相反，你可以说："听起来你似乎有些生气。你怎么看？"或者"我感觉你可能有一种愤怒的情绪。听到我这么说，你有什么想法？"

请注意，当你在陈述中不以"你"字开头时，听起来就不像一种指控了。

（3）在沟通中保持爱和尊重的同时，不要把自己的观察、反馈或直觉当成事实。你并不是要告诉客户他们的行为、想法或情绪是怎样的，也不是批评客户；你只是在分享这些行为、想法或情绪给你带来的感受。要以一种假设的方

式提出你的观察，这样客户可以选择同意、反驳你的话，或者提供新的数据。例如，你可以这样表达。

- 从我的角度来看……
- 看起来好像……
- 我看到的是……（我听到的是……）
- 听起来好像……
- 我有一种感觉……
- 我注意到了某些事情……

在以上示例中，客户能够清晰地知道这是你的观点，而不是对事实的陈述，你也不是在告诉他们发生了什么。

我会如实地说出来。我希望你能客观地看待它。

——马尔科姆·X（Malcolm X）

征求分享许可

尽管从教练关系的本质来看，教练有权与客户分享他们的想法，但在有些情况下，明确地向客户征求许可是有用的。这可以让客户为他们即将听到的内容做好准备，并给你一个为你的陈述做铺垫的机会，特别是当你要说的内容听起来可能会让人难以接受或产生重大影响时。如果出于某种原因，客户表示他们不想听，那你必须放下你想说的内容，继续对话。无论你的话是否正确，都无关紧要，关键在于你从客户的回应中获取的数据。

艾米说她和丈夫有天早上大吵了一架，她说："我知道这意味着我们要离婚了。"教练向艾米征求许可："在你说的时候，我有些想法涌现出来，可以跟你分享吗？"在艾米表示同意后，教练说："在我听来，这就好像在说'我吃了一块蛋糕，现在我就会发福'。你听到我这么说怎么想？"

一个夸张的比喻能立即帮助客户意识到他们思维中的问题或错误。如果客户犹豫、抵触，语速很快，听起来提不起兴趣，或者总是过多地透露细节，而你能感觉到这些行为的背后还有些什么，那么分享你的想法是至关重要的。例如，"我听到了很多细节，以至于我跟不上你了，这种情况还有可能发生在你生活中的哪些方面（你认为这是怎么回事）？"

灾难性思维

人们往往倾向于把事情往坏处想。如果人们编了一个故事，通常会沉浸在消极的思绪中，而不是保持乐观。人们的思维如此强大，以至于在还没有客观地看到更大的局面及区分出现实与虚构的情况下，就可以编造任何事情。通过直接沟通，教练可以为客户提供识别他们的错误结论的机会。

玛莎的老板在下班前打电话给她，告诉她有一些非常重要的事情要和她谈，但必须等到第二天见面时才能谈。他强调说不想在电话里透露是什么事情。就在那时，玛莎的灾难性思维启动了。她以为可能是自己犯了一些非常严重的错误，或者老板要离开公司了，她会随之失去工作，甚至更糟的是，他要解雇她。结果玛莎发现，这件事是她老板要离婚了，这跟她一点关系都没有。（对号入座主题）

乔丹和马特从小就是朋友。他们即将迈入 30 岁，乔丹担心马特像还没长大的青少年一样成天开派对。然而，他担心如果说出自己真正的想法，他可能会失去最好的朋友。

教练的任务是帮助乔丹看到，他得出的结论可能是真实的，也可能是错误的。教练可能会问："如果你发现马特非但没有离开你，反而会感激你的坦诚，从而更加尊重你，那对你来说意味着什么？"虽然乔丹可能会因为分享了他的担忧而失去马特的友谊，但这个问题至少可以防止乔丹只朝一个方向思考。另一个选择是指出这个可能性："如果你和马特事实上正在渐行渐远，也许你已经失去了最好的朋友。这里面有什么可能是真实的？"

在像乔丹这样的情况下，我经常会问自己一个问题："此时什么是真实的？"这个问题的效果很好,因为实际上除了事实,我什么都不知道。

50/50 的机会

当你听到客户得出一个错误的结论时,如"我需要它是完美的""我知道我会做出错误的选择",你可以向他们提供相反的可能性,但不是试图说服他们相信其他观点。

事情有一半的概率会朝相反的方向发展,而你和客户都无法提前知道。这听起来就像:"如果没有错误的选择,那会是什么样子?"你所做的是让客户更客观地看待他们的处境,从而让他们得到解脱。你要帮助他们认识到事情可能会朝两个方向发展,只关注负面是没有意义的。话虽如此,我也经常提醒客户事情确实有可能朝两个方向之中的任何一个发展,并询问他们愿意做什么。

直接沟通的效果在很大程度上取决于你的表达方式。尤其是当你的脑海中出现杂念时,就是时候分享你的感受了。你如何做到这一点很重要。请记住,虽然一开始不用"你"字开头有点难,但这样可以让客户在不产生防御心理的情况下听到你注意到的事情。另一个值得记住的信息是,客户(事实上是所有人)都会在不了解事实的情况下编织故事。提醒客户关注当下真实的情况,这样可以抑制他们的灾难性思维,从而让他们从更多的视角看待事情。

防御机制

在教练对话中,防御机制表现为一种特定的行为,用于避免某些事物,就像一道屏障一样。防御机制可以用来避免一个痛苦的话题。总体来说,这是一种回避策略,如用幽默来掩盖痛苦。如果你在客户身上注意到了防御性行为,这值得探讨,因为这表明客户在生活中的其他方面也可能面临类似的挑战。以下是常见的防御性行为的类型及应对策略。

数据倾倒

客户经常提供比你需要的多得多的细节。这并不一定意味着他们在回避某些事情。然而，有时客户可能会提供过多的细节和信息，以避免分享真正的问题或真相。

当你回放你听到的内容，并提出一个通常可以推动对话发展的问题时，如果客户继续提供更多细节，表明他们可能在进行防御性的数据倾倒。他们可能在回避自己真正想聊的事，或者他们可能害怕告诉你。你的任务是观察细节背后的意图是什么，因为他们可能只是有非常强烈的分享欲望，或者他们可能认为如果不提供每个细节，你就无法理解。

情绪化状态

在教练对话中，有时客户会变得情绪化，如沮丧、哭泣、愤怒或挫败。当客户沮丧或流泪时，请给予他们足够的空间来释放情绪。在他们流露出情绪后，请等待他们先开口，然后提出下一个问题。他们可能会说："不好意思我这么沮丧。""我没想到会这样。"这时，如前面提到的，你可以提出类似"是什么让你如此沮丧"这样的问题来让他们立即更换思绪状态。请保持客观倾听者的角色，关注客户情绪背后的情境和意图。通常情况下，客户的情绪是真实的，但它也可能是一种回避策略。

通过提问，你可以倾听客户是否在使用情感表达（如愤怒、悲伤或简短的回应）作为避免深入或找到问题根源的方式。偶尔会出现客户的语气与情感不符的情况。例如，客户表达自己很悲伤，但听起来语气完全正常，或者客户听起来很兴奋，但其表达的是令人心痛的情况。重要的是提问，弄清楚差异背后的意图。

困惑和回避

当客户表现出困惑，或者以一种令人困惑的方式表述事情时，你需要先进行澄清，再继续对话。然而，也有可能这种令人困惑的表述反映了客户只是想回避，以及不愿意分享真实情况。当他们不愿意面对或不愿意做一些他们内心深处知道对他们最有利的事情时，这种防御机制就会显现出来。

攻击或责怪教练

虽然这种情况并不常见，但有时客户会因为某些不顺的事情而攻击或责怪教练。通常情况下，这是"愤怒的错位"。此时，作为教练，保持中立和不受任何情绪影响显得至关重要。通过提出开放式问题，你很可能会发现事情的真相。

顺从

虽然这种情况并不经常发生，但有时客户可能希望顺从教练，讨好教练。在对话过程中，你可能会注意到客户表现出非常多的赞同，或者很少反驳。他们可能会不断地同意你的观点，或者总是告诉你他们很好，即使实际情况并非如此。这种防御机制可能是他们生活中的一个重要模式，因此你需要指出来并与客户探讨如何解决。

反思问题

- 对于使用真正的直接沟通，你有什么担忧？
- 与"我想知道，当你妻子刷爆了你的信用卡时，你是否会对她有点不满"相比，你能说出更直接的话吗？
- 直接沟通可能会给你的教练实践带来哪些变化？
- 你的客户一个劲儿地往最坏的地方想，而你不想被他们想象出来的事情所困住。此时，什么方法可能会对你有帮助？

第 13 章
进阶教练技巧

即使你知道它是如何完成的，它仍然是神奇的。

——特里·普拉切特（Terry Pratchett）

你已经知道，作为教练，你应该把大部分时间花在倾听上，而不是花在说话上。然而，你说的话对客户的进步和你们的关系极其重要。虽然我不提倡带着公式或脚本进行教练对话，但在本章中，你将了解一些沟通准则，这些准则将帮助你以一种有利于客户成长和自我认知提升的方式与客户交流。你还会发现，客户通常会选择或最终采用一些短期策略而不是思维方式的转变。后者原本可以促进客户长期进步。

描绘画面

描绘画面是让客户全身心地真正置身于某个情境中，就像它正在发生一样，而不是之后去想象它。

教练经常会问："设想一下，在 1 年/5 年/10 年后，你看到的自己会是什么样子的？"客户对这个问题的回答完全是出于猜测和臆测。除了让你知道客户在期待什么，这个问题并不能提供有用的数据。相比之下，用一些鲜明而真实的细节描绘一个生动的画面会勾起客户本能的反应。它甚至可以让"思考者"去感受一番。

你可以用正面或负面的情景来实现这一点。通常，人们在说他们想要某样

第13章 进阶教练技巧

东西之前，没有真正考虑过其弊端。例如，朝九晚五上班的员工希望可以自由支配时间，而不必每天都在某个固定的地方。但他们可能没有考虑过每天在家意味着什么——没有稳定的薪酬，需要不断寻找新业务，以及因为在家办公而导致工作时间更长。

切尔西是一位年轻的单身母亲，她非常想谈恋爱。她所住的公寓是一个地下室。她对这样的居住条件感到非常尴尬，总是避免让人来她家。

为了给她描绘一个画面，我问："假设明天早上你家的门铃响了，你打开门，站在那里的是你梦想中的男人。他很有幽默感，很爱孩子，很聪明，有一份很好的工作（说出她想要的所有东西），你会怎么做？"

切尔西停顿了一下，喘了口气，说："我不能邀请他进来。"我说："好吧，那对你来说意味着什么？"她回答说："我想这意味着我并没有像我认为的那样已经准备好开始一段感情。"

把切尔西置身于这种情境中，就好像它确实发生了一样，这让她获得了一个重大的启示。当你这样做的时候，客户几乎总是会有一种本能的回应，因为如果你描绘得好，他们就可以想象自己真的在那个场景中，感受就会油然而生。

莫妮卡告诉我，她想在家里打造一个属于自己的办公室，为此她已经想了一整年了，但还没有实现。我问她这可能是什么原因。她后来解释说，这是她女儿的游戏室，她觉得取代它会感到内疚。

我描绘了一个画面，给她带来了转变。我问："如果你的家庭办公室已经布置好了，家具摆放到位，墙面刷上了你喜欢的颜色，挂上了画，看起来真的很棒。那样会意味着什么？"

就是在那时，莫妮卡意识到她只需要房间的一部分作为办公室，其余部分可以保留为游戏室。想到这里，她迫不及待地想布置房间了。那次对话不久后，她的办公室就运作起来了。

当你能够描绘一个生动的画面，就好像它已经发生了一样时，客户可以对它引发的情感做出回应。这比将他们置于一个未来的场景中更有效。

雪莉感到不开心，她觉得自己的生活失去了平衡。我和她锁定了导致问题出现的 3 个主要方面：住处、工作和朋友。她不确定是其中的一两个还是所有方面都需要改变，以及如果要改变，应该先从哪方面开始。

没有特别的原因，我先描绘了一个关于改变她的工作的画面，并保持其他所有变量不变。我描述了一份她喜欢的新工作，薪酬高得多，同事很棒，通勤也很方便，还提到了她仍然拥有和现在一样的朋友，以及仍然住在目前的房子里。我问："如果那样的话，你觉得怎样？"她的回答是仍然感觉不对。

接下来我描绘了一个关于改变她目前的朋友的画面："假设你现在的工作和住所都不变，但你结识了新的朋友，相处下来你感觉很舒适，并得到了他们的支持，而且他们通常能够抽空和你相聚。你觉得怎样？"她回答说感觉还是不对。

接下来，我描绘了另一个画面：她的工作和朋友都跟目前一样，但是她搬到了一个完全不同的小区，周围有很多餐馆，商店都营业到很晚，附近活动也很多。一听到这个画面，她立刻就知道这是首先要做出的改变。如果我以不同的顺序描绘画面，答案可能会更快地揭晓。

移除障碍

当某样东西似乎成为障碍时，如"如果我有更多时间/更多钱/更多空间的话，那我就可以……"询问客户在没有这个因素（或借口，当然你不会直接对客户说"借口"）的情况下，事情会变得如何。这个问题可以立刻让客户看到他们真正想要的是什么："假设你拥有世界上所有的时间/金钱/空间等，你会做什么？"同样，描绘画面可能会更加有效。例如："假设你中了彩票，成了世界首富，你会做什么？"

以上问题传递的概念非常重要，因为它可以帮助客户辨别什么才是他们真正想要的，而不是他们认为自己想要的、应该想要的或可行的。这有助于他们首先看到可能性，然后看现实情况。如果他们真正想要的并不现实，也许有一个现实版本的画面，也许有一种方法可以让他们以没有想象过的路径来取得他们想要的东西。

这就是所谓的移除障碍。质疑那个在客户眼里是障碍的东西，就好像它很可能不是障碍一样。如果证明它确实是障碍（如客户确实需要钱），那就寻找一种现实可行的替代方案来让客户实现理想。

让客户知道他们有选择权

客户的两难处境通常可归结为"选择"。他们可以选择放手或坚持。知道自己有选择权往往是客户需要听到的最重要的事情。

虽然这听起来像一个很简单的概念，但它可以非常有力量。在困境中，客户通常会觉得自己必须屈服，或者觉得自己处于较低的地位而不得不退让，而实际上他们是有选择的。有些选项可能是他们不喜欢的，但重要的是选择总是存在的。

作为教练，你应该听过不少人抱怨他们的工作、他们的老板、他们的配偶或处境。你又有多少次心里默念过："他们为什么不做出改变呢？"人们倾向于相信，如果某件事没有达到他们的期望，或者不是他们想要的样子，它就必须保持那样。这就好像你必须接受它，而你唯一能做的就是抱怨。

理查德抱怨他的公司餐厅提供的食物不健康："他们为什么不能提供健康一点的饭菜呢？难道他们不知道这些没什么营养吗？"我立刻想到了 3 个可行的选择：自带午餐、找餐厅相关负责人聊一下，或者去外面吃。

当然，我没有和他分享这些想法，而是问他："你可以做些什么来改变？""对你来说可能有哪些可行的选项？"

直击核心：通向卓越教练之路的革命性方法

我经常喜欢问自己这个问题："一个非常明智的人在当下会怎么做？"无论在什么样的情况下，这都是一个非常发人深省的问题，因为它能让人摆脱自我中心的束缚，避免过度思考。这个问题的答案往往是你尚未想过的东西，或者它会让你踏出一步，尝试做一些你之前认为不可能的事情。你总是有选择的，但有时你会把自己束缚在"事情就是这样"的思维中，对可能性视而不见。

你总是有选择的。如果有人无论如何都不相信这是事实，我喜欢对他们说："我听得出来你认为自己绝对没有选择。那么，你想做什么？"这引发了一个问题：他们是愿意做出改变，还是更愿意接受现状？

艾比说："我的婚姻很糟糕。我的丈夫非常刻薄、小气，很不体贴。我随时都可以离开，但是我得忍受他，因为这总比独自带着两个小孩要好。如果离开他的话，我没办法生存。我会没有钱。"

艾比是否有选择呢？当然是有的。她可能对任何选项都不满意，但她需要知道，替代方案总是存在的，无论她是否主动选择它们。接受这一点对她来说是有帮助的。她还需要认识到，实际上维持这段糟糕的婚姻也是她做出的选择。

把注意力放在选择上有助于人们看到，他们的选择也可以是他们在头脑中对事物做出的一种解释，而他们并没有像自认为的那样进退两难。

查尔斯是一家大公司的总监。他看到一位同事没有让其直接下属为按时完成工作负责。查尔斯对此感到很沮丧。他坚信应该让人们承担责任，并希望找到一种方法与这位同事解决这个问题。

查尔斯接着说："我感觉必须跟他说点什么。"于是我问："是什么让你认为你必须跟他说点什么？"经过长时间的沉默，查尔斯认识到他把改变同事的行为当作自己的责任了。只是听到这个问题就能让他意识到，他可以选择是否要解决这个问题，而不是把解决这个问题当作他的义务。承认这是一个选择让查尔斯摆脱了承担同事问题的压力。然后，他就能够放手，专注于自己在工作中的挑战。

要让客户知道，他们可以选择放下（或坚持）一个想法。这给了他们摆脱艰难处境的权利和自主性。

告诉客户与让客户自己发现的区别

在教练这一行,教练被教导永远不要告诉客户任何事情,而是让他们自己去发现。然而,针对这条原则也存在一些完全合理的例外情况,这样教练就可以避免让客户感到沮丧。

当你确信某件事时,与客户分享是有意义的。一个典型的例子是,当客户将自我关爱与自私混淆时。你可以问他们对两者的定义分别是什么,也可以提供一个明确的区分,并询问他们将来在区分这两个概念时会如何做。提供区分尤其有帮助,如"原谅过去"和"忘记过去"之间的区分。

作为一名外部的、客观的倾听者,当你感知到或观察到客户身上发生的事情时,分享这些信息至关重要。你没有必要让客户去弄清楚对你来说显而易见的事情。你要分享自己的推测,然后问一个简单的确认问题,并让他们回应。这是使用直接沟通的时机。

假设你的客户想在找到新工作之前先把目前的工作辞了,你可以告诉他这个情况:在已经有一份工作的情况下找到新工作一般会更容易,并让他们回应。

假设珍妮斯是你的客户,她频繁地迟到,并且总是选择责怪其他人或事。你可能想告诉她,只要她预留足够的时间,就不会有迟到的问题了。然而,在这种情况下,你需要帮助她认识到她必须对自己的迟到承担责任,责备外界是不合适的。你要关注客户,以及客户的思考和行为方式。你的工作是帮助客户提升自我认知。

假设没有后果:提供一个选项,鼓励客户自由地表达自己

有时你会听到客户暗示他们害怕面对、对抗或挑战某个人。在这种情况下,一个发人深省的问题可以是:"如果没有后果或影响,你会对那个人说(或做)什么?"这能够让他们直接说出心里的想法。然后你可以从中提炼出客户

想表达的整体情感和信息，并帮助他们找到一种合理的方式来表达自己，以便他人能够将信息听进去。

丹尼尔抱怨他妻子充满了"激情"的反馈。当我问他如果没有后果，他真正想对妻子说什么时，他回答说："我真的受够了你对我大吼大叫。当你那样做的时候，我就不想再说了。为什么你总是要对家人大吼大叫，而不是用友好、平静的语气说话？"然后我问他如何以一种他的妻子能听到的方式分享他的想法。丹尼尔回答说："如果你想让我更好地听到你在说什么，那就降低你的声调，不要以'指责'我、'评判'我的方式说话，而要以一种具有好奇和开放态度的方式说话，这样你说的话会对我产生更大的作用。"

倾听那 1%的部分

在教练过程中，教练始终在寻找客户的优势。通常，客户知道自己哪些方面做得挺顺利。

而教练常见的一个错误是没有关注到那 1%不顺利的地方。当客户说："我差不多搞定了！"你可以问："那你还没搞定的部分是什么？"这就是教练的关键所在。"差不多"是一个指示，表明"我快好了"。你可以问："听起来还没有完全达到你想要的状态，那么有什么办法能让情况变得更好？"

肯定并告诉客户他们做得很好固然重要，但是作为教练，你帮助客户的方式是关注还没有达到他们的预期的那部分。客户真正需要帮助的就是那部分。当你听到客户说"嗯，我有 99%的把握"时，合理的问题应该是"让它达到 100%需要什么"。你需要找出到底哪个部分需要通过教练对话来得到改善或获得帮助。

为了确定客户与他们理想的目标之间的距离，教练通常使用 1～10 分的评分量表来了解客户在特定进程中的位置。让客户给出评分似乎对教练有所帮助，但是教练直接询问客户可能更具启发性，因为它会引发更详细和个性化的回应。

这样可以描绘出客户的具体感受，而不是将他们的感受通过数字进行分类。

例如，如果你问："以 1~10 分来打分，你对学习西班牙语的承诺度是多少？"客户回答："8 分。"这个回答并不能揭示让他们 100%承诺所需的因素。如果你觉得有必要使用评分量表，请找出缺失的部分——什么能让客户给出 10 分。

话虽如此，我认为一个更有用的问题可能是："你对学习西班牙语的承诺是什么？"对于这个问题，他们可能会回答："我已经考虑学这门语言很多年了，现在我意识到它将对我的工作和旅行都很有帮助。因此，我现在报名参加了一个语言培训班，我很期待这次学习。"通过提出类似的开放式问题，客户可以选择以任何方式来回应（而不是局限于数字），你也将获得更多有用的数据。

隐喻

直接沟通的一个简单方法是使用隐喻或创建一个视觉形象，让客户立即了解你对他们所说的内容的解读。无论是隐喻、明喻，还是类比，都同样有效。

关键是你的话语要来自你的观察，而不是你的个人观点。当你客观地分享你对客户所传递的信息的感知时，就没有正确或错误之说，也不会执着于结果。客户可以告诉你他们是否觉得你的观察是准确的、令人惊讶的或完全错误的。重要的是你要分享自己观察到的东西。通常，一个能捕捉到客户表达的概念的隐喻可以立即引起客户新的觉察。

隐喻非常强大，它能立即揭示事物的真相，而不会带来任何负面的影响。如果你的客户说了一些矛盾、回避或含糊其词的话，那么隐喻可以有效地揭示你的观察。有一些技巧和窍门可以让你更容易地创建隐喻。（请记住，如果客户使用了隐喻，那么你有责任继续使用客户的隐喻。）

> 创建隐喻最重要的方面是弄清楚客户表达的概念或整体要点。

由于隐喻传递的是你的观察，请使用第三人称表达，以便客户能够客观地听到。这意味着不要说"这就好像你将……"，而是说"这就好像有人将……"。

随着时间的推移，你将为你在教练过程中遇到的主题创建属于你自己的隐喻。请随意使用第 8 章中不同教练主题下的隐喻示例，也可以根据需要使用下面提供的任何示例，通过它们来创建属于你自己的隐喻。

现在回想起来，当我第一次创建隐喻时，它们都跟水有关：游泳池、湖泊、海洋、船、航行等。我并没有刻意这样计划，但它们似乎就自然而然地关联起来了。为了更容易地学习创建隐喻，请想一个你非常熟悉的主题，如园艺、烘焙、汽车、烹饪、马匹、跑步等。利用熟悉的主题创建的隐喻将更加真实。

> 在呈现隐喻时，你必须询问一个跟进问题，以便与客户核实你的观察或推测。

以下每个示例都包含一个教练场景、一个相关的概念、一个隐喻，以及一个跟进问题。这些跟进问题可以邀请客户思考你分享的内容，并告诉你他们的想法。

场景：一位客户在寻求他的父亲的认可。他不断地从他父亲身上寻求工作和压力方面的安慰，但总是抱怨他父亲只会说"继续努力"之类的话。他因为未能从父亲那里获得认可而感到沮丧和怨恨。

概念：从别人身上得不到自己想得到的东西，却仍然想得到。

隐喻：这就像一个人不断去五金店买牛奶。你觉得呢？

场景：这位客户是一名新手教练，她花了大量时间和潜在客户交流，结果发现对方请不起她做教练。

概念：忽视或没有做好前期客户筛选工作。

隐喻：这听起来像一个在高端百货商店工作的服务员，看到一个穿着邋遢的流浪女子进店选购衣服，她花了很多时间试图帮助那位流浪女子，尽管对方显然买不起任何东西。你觉得呢？

场景：一位客户声称他想减肥，但他家里堆满了垃圾食品。

第13章　进阶教练技巧

概念：相互矛盾的优先事项。

隐喻：这听起来像一个人想跑马拉松，但从不进行任何训练。你觉得呢？

场景：一位客户一直在谈论去夏威夷度假，她浏览了很多宣传册，在网上研究了很多信息，但她根本没有足够的钱去那里。

概念：想实现一些不现实的东西。

隐喻：这就像一个素食者去了一家牛扒馆看菜单，尽管菜单上没有一样是他能吃的。听到我这么说，你想到了什么？

场景：一位客户在工作中遇到了一些问题。她说："我的老板在性骚扰我。每当我走过他身边，他要么向我眨眼，要么试图接近我。这让我很尴尬，也很不舒服。"后来她透露，她每周都接受老板的晚餐邀请。

概念：含糊的信息。

隐喻：这听起来像一个想按月度预算生活的人，却买了一辆新车。这会给人什么样的印象？

场景：一位客户在谈论退休时非常兴奋。他终于可以和孙子孙女们共度时光了，早上也不必那么早起床了。然而，他一直在接一些长期的合同工作，抱怨工作繁忙，还说人们需要他的专长。

概念：矛盾。

隐喻：这听起来像一个想在期末考试中取得好成绩的人，在考试前一天晚上出去喝得酩酊大醉。听到这个，你怎么想？

场景：一位客户分享了关于工作中即将到来的一个重大截止日期。这是一个重大的项目，将影响未来的业务，公司希望它能顺利进行。然后她透露，她在工作时一有机会就会玩网游，还特意花很长时间吃午饭。

概念：回避。

隐喻：这就像一个非常渴望谈恋爱的人，但很少出门，也不加入任何在线约会网站。这听起来像什么？

我鼓励你尝试使用隐喻。它们非常强大，首先要把握要点或概念，并运用你熟悉的主题。一旦你知晓了这两个步骤，创建隐喻就会变得有趣。虽然这需要练习，但实际上你可能已经使用了一些隐喻，如"不雨则已，一雨倾盆"。

策略

人们经常制定策略来应对生活中的各种挑战。有些策略是有利的，有些则可能是有害的。

> 一个策略背后的意图决定了它对我们的影响。

如果你的意图是制订计划、成长、进化、克服恐惧，或者发自内心地感到更安全，那么制定诸如建立规律的冥想练习之类的策略是有帮助的。然而，如果你使用策略的意图是回避、逃避、弥补或分散注意力等，如责怪他人或否认，那么它不会带来你真正想要的结果——爱、连接或接纳，因为你最初的意图并不健康。

雷蒙娜沉溺于幻想中的恋爱关系，她总是"爱上"电影明星和运动员。她之所以这样做，是因为她不相信自己值得拥有一段真实的关系，而且她因为害怕遭到拒绝而不去追求他人。

很多人通常都没有意识到自己已经制定了一个策略来应对自己想得到某些东西的需求。这样的策略只在短期内有效，不久后他们又会变得不快乐或不满足。

苏是一家大型律师事务所的高管，她的绩效很不错。在她的个人生活中，她受制于男人，因为她认为如果她展示出自己的实力，男人们会感受到威胁并离开这段关系。

你可以帮助客户意识到他们的策略是临时性的，然后找到一种健康的方式来满足他们的愿望。再来看看这个例子："我想减肥，所以我再也不吃巧克力蛋糕和薯条了。"能够一辈子坚持这种意志力的概率有多大？因为这种誓言并没有解决潜在的挑战，如创造一个不同的自我形象或改变自己与食物的关系，所以它只是暂时的。在这个例子中，客户尚未面对过度饮食或想减肥的潜在原因。例如，她因为丈夫出轨而过度饮食，或者想变瘦从而能够谈一场恋爱。

在教练过程中，你会听到像"我只要记住……就好了""我只要不再这样做就好了"这样的表述。这些线索表明客户正在依赖他们的意志力，而任何由此产生的改进都只是暂时的，因为他们没有创造一种新的思维方式。

教练自己也会制定临时策略。你很可能听过其他教练谈论想开启自己的教练业务，但他们强调要等到他们再多上一些培训课程，或者设计好完美的公司标志、名片和网站后才行。这些只是为了回避他们害怕的事情而制定的策略，而且他们深信"我能力不够""我真的不想这样做"之类的信念。他们没有诚实地面对自己，而是制定了一种策略来合理化自己的行为。

> 凯文生活的地方总是堆了很多杂物，尤其是他的办公室和办公桌。我没有直接与他探讨如何处理他的杂物，而是深入探究造成杂乱的原因。结果发现，原来堆砌杂物是凯文用来回避家人给他施加的成功压力而采取的方式。他采用了这样一种策略来为他的失败辩护。一旦他理解了自己的策略，他就能向前迈进。

> 史蒂夫想让自己获得力量感，想让人们喜欢他，所以他不惜一切代价购买昂贵的礼物送人，并出席每场活动、会议和葬礼。哪怕这些和他的日程安排有冲突，他也会去。他就像一名殉道者，让别人欠他人情。他认为这会让自己变得强大和受人喜爱。而事实上，他放弃了做真实的自己。

以下是伴随着许多不健康意图的常见策略。这些策略的名字并不重要，重要的是识别它们，指出那些不健康的行为，并帮助客户找到健康的方式来得到他们想要的东西。

贬低他人

使用贬低他人策略的人可能会想："我要让你感觉糟糕，这样我就会感觉良好。我要忽略你说的话，这样我看上去就像一个有好的答案的人。"

退缩

有些人在团体里总是退缩，而另一些人总喜欢把自己置于领导者的地位，两者都是一种策略。那些非常安静的人有时会这样做，以免被拒绝，或者他们害怕结识新的人，不知道该说什么。

保护他人

当某人想保护或庇护另一个人时，可能会影响他们自己的幸福。例如，有的人得知自己有严重的健康问题，但决定不告诉他们的伴侣，因为他们认为伴侣无法承受这个打击，会很难过。

投射

这是指一个人让其他人觉得有与自己同样的感受。假如一个人因为分手而感到痛苦，同时他的一个朋友也刚刚分手，他会表现得好像那位朋友也和他一样感到痛苦，即使实际情况并非如此。

过度补偿

这是指一个人试图通过走向另一个极端来平衡他人的行为。例如，当父母一方非常严格时，另一方就会表现得过于宽容。

依赖意志力

这是指一个人刻意决定做某事或克制自己不做某事，并希望他们的努力能够持续下去，如节食、锻炼或不看任何影视节目。

否认

当一个人在意识层面不相信真实发生的事情时，他们就处于否认状态。例如，他们怀疑伴侣出轨，却选择相信伴侣的借口。他们潜意识里的意图是麻痹自己，不面对真相，因此有"伴侣总是最后一个知道的人"这句话。

否认也可能是一种有积极意义的保护机制，特别是在人们经历死亡或创伤性事件之后。当痛苦太大时，人们会用否认作为一种应对方式，直到他们最终在意识和潜意识层面接受它。在一些极端的情况下，人们可能会无限期地处于否认状态。

迁怒于人

迁怒于人表现为将愤怒或痛苦发泄在身边的人身上，而不是找到愤怒的真正来源。例如，在一段丈夫出轨的夫妻关系中，妻子总想把气撒在第三者身上，而不是直面丈夫及自己与丈夫的关系。

撒谎

人们有时会撒谎或夸大事实，以避免面对或承认真相，因为他们害怕真相，想显得自己更加重要，或者是为了弥补自卑感。

责怪他人

将自己的不足归咎于他人是一种典型的策略。例如，"是塞车/下雨/天热让我迟到了。"换句话说，这是一种不敢承担责任的表现。

成瘾

有时候人们对某事上瘾，如嗜酒、沉绚于游戏，甚至陷于一段不健康的关系，是为了避免处理内心的感受或面对某些事情。

讨好他人

这一策略在本书中已经多次提及，它也是一个主题。这是一个将关心他人和照顾他人混淆的倾向。它还表现为因为害怕失去他人的爱而导致自己的付出多于收获。对有这些行为的人来说，让自己感受到被重视的需求是如此强烈，以至于他们会竭尽全力通过他人来满足这种需求，因为他们无法珍视自己。

牺牲自己

这一策略包含扮演殉道士的角色或无法坚定自己的立场。在这一策略中，一个人为了让其他人快乐，或者因为害怕自己被严厉地评判而放弃了他们真正想要的东西。他们选择承受痛苦，而不是说出来或按照自己的方式生活。

八卦

八卦通常是指一个人尝试通过贬低他人来与某人建立联系。如果两个人感觉似乎彼此之间形成了一致对外的统一战线，他们会认为彼此之间关系更亲密了，或者觉得自己优于他人。

暴饮暴食和过度节食

当一个人无法掌控生活中的其他方面时，暴饮暴食和过度节食可以让他们感到有掌控感。

痴迷

当一个人在诸如体育运动、政治活动、宗教活动等方面花费了过多的时间时，可能是因为他想回避处理生活中的核心问题，而不是解决它。

过度忙碌

人们采用这一策略是因为他们相信这会让别人觉得他们很重要或很成功。

第 13 章 进阶教练技巧

一个过度忙碌的人可能是在填补自己内心的不足感，或者不想面对他们生活中的混乱。当一个人精疲力竭时，这一策略就会失效。

你需要花时间了解客户为什么要在他们的生活中做出改变。你的工作是探索和发现真正需要解决的问题，并帮助客户实现观念上的转变，而不是设计一种暂时缓解症状的策略——创可贴式方法。当客户说了类似"我会在镜子上贴一张便笺纸，每天提醒自己"的话时，这是一种典型的临时策略，因为经过一段时间后，这项行动就会被遗忘。只有在客户的思维真正发生了转变的情况下，使用便笺纸或日历提醒才是有效的。

玛丽亚是一名新手教练，她说："我有一位客户非常黏人，爱发牢骚，而且非常有依赖性。她就像尼龙搭扣一样紧紧贴在别人身上。我在想，我应该和她做一个我们在教练课程中学过的练习，我还可以推荐一本合适的书给她。"

尽管这个练习或这本书可能会有所帮助，但对玛丽亚的客户来说，发现需要解决的问题更有帮助。很可能这位客户有未被满足的需求。玛丽亚必须与这位客户一起找出这一未被满足的需求（如客户希望获得关注、被接纳等），以及驱使客户出现这种行为的原因。这样，玛丽亚可以帮助客户找到满足需求的方法，从而使其实现永久性的行为改变。

尽管使用一些健康的策略来应对生活中的挑战非常重要，但根据我的经验，发现导致问题的根本原因更重要。不健康的策略只会起到短暂的作用。它们可以在短期内"解决"问题，但在将来问题（或类似问题）再次出现时，它们就无济于事了。一旦一个人感到停滞不前的原因被揭示，真正的转变就会发生，他们再也不想使用原先的思维方式了。

> 思维的转变加上策略可以起到良好的作用。但是当用策略（如仅用一张便笺纸）来代替思维的转变时，就会出现问题。

意识到策略和防御措施，并倾听其背后的意图，可以极大地帮助客户持续取得进步，或者让他们意识到那些策略是如何对他们起负面作用的。当你为客户提供时间和空间，让他们理解策略和防御机制背后的原理时，奇迹般的效果就会出现。大多数人从未考虑过这一点，因此，当你引导客户探索他们的策略时，你就为客户提供了极具价值的体验。

现在，你可能已经有了一些新的技巧和认知，以便用不同的方式来帮助客户。我希望你能尝试并应用它们，并留意哪些方法是有效的。

反思问题

- 当你考虑关注客户提到的还没有成功或做好的那 1%时，你会想到什么？
- 如果你能够为客户描绘一个当下或即将发生的画面，而不是围绕遥远的未来进行提问，你的教练对话可能会发生什么变化？
- 哪些话题或爱好可能会帮助你创建隐喻？
- 当你能识别出客户可能采用的临时策略或防御机制时，你的教练工作可能会随之发生什么变化？你是否经常采用某些策略？有什么方法可以帮助你找到一种健康的方式来实现你的目标？

第 14 章
常见教练挑战

一个人只有在面临挑战时才会成长。

——佚名

因为教练的工作是与人打交道，所以在教练对话中，你不可避免地会遇到挑战。有些挑战让你无法专注于客户，有些挑战则源于你和客户面临的类似的困扰。有时候心理治疗和教练服务的界限并不像你想象的那么明确。还有些时候，你很难知道接下来要问什么。在这种情况下，其实有一个非常简单的方法，阅读本章后你就会了解。

避免涉足心理治疗

一些教练可能对心理治疗和教练服务之间的区别感到困惑。心理治疗有多种类型，其中一些与教练服务有所重叠。然而，在教练过程中，教练希望与客户的关系是协作式的，即与客户携手合作以实现最佳结果。这与治疗师和来访者之间的关系有所不同。在传统的心理治疗中，治疗师是专家，来访者是需要帮助的人。而在教练中，教练和客户共同走过这条探索的道路。

心理治疗的主要目的是治愈，教练服务则是为了达成个人和/或职业成长，让客户能够发挥他们的潜能。教练可以是纯粹基于职业成长的，涉及诸如领导力、业务发展、个人挑战等主题。

心理治疗通常是一个比教练服务更长的过程。教练服务的目的是高效地找到问题的核心并支持客户向前迈进。作为教练，要极为小心地避免谈论客户的过去。然而，只要你不过分关注客户过去的情绪内容，不涉足心理治疗的范畴，识别客户挑战的根源就可能会非常有益。

这是一个平衡。客户的感受非常重要，因为大多数教练对话的目的都是促成客户观点的转变，以及潜在的情绪（如恐惧、困惑、不清晰、愤怒、怀疑等）转变。尽管在教练对话中，客户会在言语和思想上发生转变，但真正的改变实际上是潜在的情绪转变。在教练对话开始时，了解客户是否有沮丧、困惑、不安、愤怒等情绪是有帮助的。在对话结束时，教练希望客户的感受有所不同。

我鼓励你在教练对话中探讨客户的感受，但是随后要迅速走出来，并立即关注当下。例如，"我听说你父亲在你小的时候对你有异常高的期望，但作为一个成年人，现在的你可以有什么不同呢？"

以下示例说明了如何在不涉足心理治疗的情况下探讨问题的根源。

爱丽丝：这个问题困扰了我很长时间。我好像总是无法克服它。

教练：你第一次注意到它是什么时候？

爱丽丝：我记得在三年级时，有一个老师让我感到非常羞愧。

教练：那个老师现在在哪里？

爱丽丝：哦，我敢肯定她早已去世了。她当时就已经很老了。

教练：虽然她已经去世了，但是看起来到今天她仍然在你心中活得很真实。你觉得呢？

下面再来看一个在不同的情景下使用类似方法的例子。

罗伯特是一位成绩斐然的物理学博士，他有几本自己的著作，并管理着一家公司。他感叹自己"本应该"比现在做得更多。他说："我记得我的二年级老师告诉我，我能做的比我想象的要多。"我说："我猜你的老师（如果他还活着的话）不太可能记得自己说过这话了。那么作为一个成年人，你现在可以做出什么选择来看待你所取得的所有成就呢？"

正如我前面提到的，如果客户的情绪浮现出来，那么给客户留出感受情绪的空间很重要。然而，你不能让他们在情绪状态中停留太长时间，因为这不是你作为教练的工作。无论有多不舒服，你都要等待他们发出信号表示自己已经准备好继续了。类似"是什么让你对这件事有如此强烈的情绪"的问题能够让客户从原先的情绪状态中走出来并进行思考。

如果你的客户有严重的心理创伤或以下情况，那么心理治疗可能更合适。

- 始终无法贯彻执行教练合约或他们承诺要完成的任务。
- 提到自杀或整天待在家里，一点动力也没有。
- 似乎感到非常困顿与抵触。
- 年轻时就有根深蒂固的未解决的问题，这个问题至今仍然影响他们的成年生活。
- 已经被诊断出疾病（如抑郁症、厌食症或焦虑症），需要得到帮助。

尽管如此，有上述任何问题的客户，如果在生活中的其他方面陷入困境，也可以同时进行教练和心理治疗。每个人都会遇到问题，也都有不同程度的创伤。哪些问题适合做心理治疗，哪些适合做教练？两者之间的区别在于客户在当下如何应对他们的问题，以及这些问题是客户前进道路上的颠簸，还是根深蒂固的创伤，从而阻碍了他们前进。

贝琳达今年 37 岁，她已经约会很多年了。她真的希望安定下来，结婚生子。她之前透露，她在很小的时候就失去了父亲。虽然我们的教练进程同时关注她工作中的挑战，但她在约会方面的进展并不顺利，于是我们讨论了她同时接受心理治疗的可能性。她同意了这一计划。在心理治疗中，她处理了自己早年的创伤经历。8 个月后，她继续接受教练服务。不久之后，她遇到了现在的丈夫，他们组建了家庭。

失去对客户的聚焦

很多教练因为经历过与客户类似的情况或感受到客户的情绪而与他们产生共鸣。如果你在教练对话期间或之后感到有压力，那么你可能不知不觉地掉入了这个陷阱。

利兹贝特是一位教练，她来自美国南部，说话很温柔。有一位来自纽约的客户让她很担忧。她总是在想这位客户是否对她生气了，会不会打算结束教练合约。当我们深入探讨这个情况时，她意识到，她并不习惯客户那种带有纽约特色的、简洁迅速的沟通风格。事实上，这位客户对她的教练服务非常满意，只是他的说话方式不是她所熟悉的。

尽管你可能认为这与你有关，但它永远不是针对你的。你可能激发或触发了客户的某种情绪，但这并不意味着这种情绪是针对你的。

在教练过程中运用这一知识，可以让你避免承担客户的情绪，预防在他们感到愤怒或沮丧时把事情往你身上扯。无论你做了什么或没做什么，他们都有特定的需求（如想准时、不想被打断、想让自己看起来聪明等）。教练对话中的一切都是关于客户及他们的需求的。

即使客户对你说了一些批评性的话，或者向你表达了强烈的情绪，那也是他们的情绪，哪怕看起来他们是在向你发难。作为教练，能够真实地看待客户，让他们表达情绪，而且不把那些情绪放心上，是一项重要的技能。

我曾有一位客户，他对自己的处境感到愤怒，还对我大喊大叫。他觉得是我的错误导致了一些事情的发生。我保持完全中立的态度，并询问他真正令他生气的事情是什么。后来我发现这和我完全无关。我只是他发泄情绪的一个对象。要保持中立且不被客户的情绪所影响，这样你才能成为客观的教练。

错过相关模式

客户在你面前展现出来的行为，也会在其他人面前展现出来。同样，他们在其他人那里展现出来的行为，也会在你面前展现出来。一位客户说："你知道吗？我曾经有一份工作，但我真的无法在公司待下去。我的老板太恐怖了，我只好离开。后来我找到了一份新工作。我倒是挺喜欢那份工作的，就是同事们太争强好胜了，我不得不离开。然后我又找了一份工作……"

你猜怎么着？这位客户也可能会以同样的方式对待你，不久后他也会离你而去。然而，如果你退后一步，揭示他总是在发现问题后就逃离的模式，你就能深入了解他的问题并真正改变他的模式。客户在早期就会不知不觉地显露他们的基本模式，这就是为什么退后一步、观察和倾听更深层次的内容如此重要。

被故事中的"另一个人"所吸引

教练可能会掉入的最大陷阱之一是在听客户的故事时，更关注故事中的另一个人（配偶、老板、朋友等），而非客户本身。通常正是因为"另一个人"的存在，才创造了刺激和冲突的故事情节。正是"另一个人"触发了客户的情绪。你对细节感到好奇，可能是因为你喜欢打探别人的事情，或者想验证客户正在经历的情绪，也可能是故事触发了你的回忆。

　　汤姆在对话一开始说："我真的很沮丧。我的妻子总是因为我没有把衣服收拾好而责怪我。我受够了她的抱怨。"他的教练问："当她不满意时，你希望她怎么做？"

从这个问题开始，教练对话偏离正轨，因为焦点已经转移到了汤姆的妻子身上，而不是汤姆。在这次对话中，汤姆的妻子不可能得到帮助或发生改变。教练唯一能做的就是帮助汤姆更好地看待和应对眼前的情况。无论你怎么看，汤姆都是那个需要协助的人。也许他的妻子可以用不同的方式来解决问题，但你没有和她进行教练对话，对吧？专注于你的客户，而不是故事中的"另一个人"。

共同信念综合征——与客户共鸣

每个人对生活"应该"是什么样的都有各自的想法，教练与客户之间也会有许多共同的信念。认识到这一点很重要，这可以让你避免错过帮助客户的机会。在教练中，你会经常遇到这样的情况：你和客户有着共同的限制性信念、想法或观念。这个共同的观念对你们双方来说都是自然而真实的。当你们拥有相似的观念或价值观时,作为教练的你,想保持客观是很难的。

问题在于,你很难意识到你和客户共同的限制性信念,因为它是无形的。当你意识到你非常同意客户所说的内容时,这可能就是最早的线索。如果客户说:"这非常具有挑战性。"而你想:"是的,那确实非常具有挑战性。"那么,你们对这种情况有相似的想法,而你可能会错过质疑这个想法的机会。

有的教练可能不认为这种情况很有挑战性,他们会很快地问:"是什么让这种情况如此困难?"因此,当你注意到自己同意客户的观点时,是时候退后一步,想象自己对他们说的东西丝毫不知,就像这是新的信息一样。这是保持真正好奇的一种方法。

了解共同信念综合征这一概念很重要,因为没有两个人会在他们的人生中以完全相同的方式得出相同的结论。结论本质上是根据经历和历史得出的,这个过程对每个人来说都是独特的。要了解客户,你就必须好奇他们的信念是如何确立的。虽然你知道是什么让你认为某件事很困难,但你更应该知道为什么这件事对客户来说很困难。这为进一步的反思、发现和行动提供了可能性。

以下观点听起来或许有点不可思议:无论你的生活中有什么待解决的问题,它们总会出现在客户所分享的情况中。这时候,你需要保持客观。下面来看在以下不同的情况下,共同信念综合征是如何体现的。

- 客户认为获得晋升的最佳途径是加班。如果你只是点头表示同意,你就错过了一个可以教练他们的机会。有的教练可能会好奇并探索其他选择,因为在他们眼里,获得晋升的途径不止这一个。
- 一位离过两次婚的女教练有一个女客户。这位女客户想谈恋爱,而教练和客户都认为男人不值得信任。在这种情况下,可以教练客户的空间很小,但如果这位教练能够后退一步,表现得好像她不理解客户对男人的不信任,就可以真正保持好奇心。
- 一位客户在经济不景气的环境下寻找新工作,教练和客户都认为在这种情况下几乎找不到新工作。这种想法会错失教练的机会。有的教练则认为，尽管找工作可能不容易，但并非完全不可能，并鼓励客户继续寻找或探索新的方法，以最大化他们的努力。

一旦你注意到自己同意客户的观点，就应该退一步，表现得好像你不明白他们在说什么一样。你可以说，"这是一个有趣的说法"，然后针对他们的观点提出问题。你应当假设没有什么绝对是真实的。后退一步，就好像这是你从未听说过的全新的信息。你还可以设想一下，另一位教练可能会对同样的信息产生好奇并提出问题，因为客户的分享对他们来说并不合理。即使你同意客户的信念，但你肯定不是以和客户相同的方式确立这个信念的，所以你最好始终保持好奇和怀疑，以便揭示那些影响客户的潜在信念。这为你的客户提供了更多了解自己的机会。

当客户向你或他们自己提问时

有时候，客户会问教练："在这种情况下，你会怎么做？"你可能会很自然地告诉他们。但请记住，对你有效的方法可能不适用于其他人。

问题是，如果客户真的想知道你会怎么做，那么不回答他们可能会让他们感到沮丧。因此，我发现这样的回应是有帮助的："我很乐意分享我会怎么做，但在此之前，让我们先来看看一些可能适合你的方法。"

在另一种情况下，假设客户带着自问的语气说："嗯，我不知道什么方法最适合我。"将这句话反过来问客户会有所帮助："你觉得什么方法最适合你呢？"这类问题往往会产生令人难以置信的效果，因为客户往往已经有了答案。

当你陷入困境，不知道该问什么时

在对话的任何时候，教练都可能会遇到这样的情况：不清楚接下来该问什么问题或该如何继续。有些教练总是努力想提出一个问题，因为他们觉得自己有义务确保对话继续进行。然而，最简单也最容易做的是询问客户他们想要什么。提醒客户已经讨论过的内容，然后问："此时对你最有帮助的可能是什么？"当被问及这个问题时，客户心中通常会产生某个想法，并希望通过这个想法获得更高的清晰度。

然而，也有教练问客户："此时，你想让我问你什么问题？"客户没有义务告诉你应该如何履行你的工作。如果你不确定该如何继续，可以询问客户："此时对你最有帮助的可能是什么？"你只是在询问客户他们认为有帮助的对话方向。在极少数客户无法回答的情况下，你只需提醒他们到目前为止讨论过的所有内容，并重新确认他们在对话中的期望。现在，你有了一个简单的方法来应对你在对话中有时不知道该问什么问题的情况。

教练面临客户及其处境带来的各种挑战。其中一些挑战比较复杂，另一些则反复出现。只要你了解了可能出现的几个挑战，就能做好应对的准备。另外，如果客户提出了一些非常不寻常的问题，你也可以说："我需要考虑一下再回复你。"这样说也没有什么不对。

反思问题

- 由于你与客户有着相同的信念，你可能错过了哪些机会？未来在教练对话中，当你注意到自己同意客户的说法时，你将采取什么不同的做法？
- 当你考虑探讨客户的情绪但又不想涉足心理治疗时，你会做些什么？
- 当客户向你提问或你不知道该问什么时，你会采取什么与现在不同的做法？

第15章 客户的沟通风格与类型

误解的发生往往是因为我们不了解不同的人有不同的沟通方式。

——托尼·亚历山德拉（Tony Alessandra）

作为教练，你需要评估客户的沟通方式，以调整你的方法来满足他们的需求。每个人都有不同的愿望、需求和价值观，因此不要让你的教练方式"千篇一律"。

客户的风格是他们在教练对话中及其他可能的地方展现出来的行为或沟通模式。这些风格往往介于两个极端之间，我称一端为"企业型"，另一端为"恢复型"。风格与主题有所不同。第8章介绍的主题可以用于识别那些让客户陷入困境的底层思维模式和信念。

在描述不同的沟通风格之后，本章专门介绍了两种广泛类型的人："思考者"和"感受者"，以及介于两者之间的人。

客户的沟通风格

企业型（不一定在企业内）

这类客户可能没有可以自由交谈的人，因为他们要么是公司的高层（如CEO），要么有一定的权威而不想在人前示弱。教练过程给他们提供了一个表达的机会，因此他们会在对话中畅所欲言。他们说话的速度很快，知道自己想要什么，并有明确的议程。他们给你留下的说话空间不多，所以你的提问或观察就显得很关键。

恢复型

与企业型客户相反，恢复型客户往往在需要心理治疗和教练之间摇摆，也可能两者都需要。他们可能仍在接受心理治疗，或者刚刚结束心理治疗，准备开始取得更多进展。这类客户可能非常脆弱，他们不一定需要心理治疗，但他们也不是教科书式的教练客户。他们处于教练和心理治疗的边缘。对于恢复型客户，你必须非常缓慢地前进，采取微小的步伐，以免让他们感觉不堪重负。对待他们需要很大的耐心。

满议程型

这类客户带着完整的议程来参与教练对话，并从中选择最重要的内容来开始对话。他们希望立即开始对话，从每次对话中获得尽可能多的收益。如果他们觉察到对话节奏缓慢或偏离了主题，就会感到沮丧。

无议程型

这类客户在教练对话开始时对他们想处理的问题缺乏明确的议程。他们根本没有一个"本周故事"需要分享或处理。你可以回想他们在以往的对话中表现出来的整体模式或主题，以及他们最初想从教练中得到什么，然后提出问题，帮助他们发现一个紧迫的挑战。其中一个选择可能是从他们对当前进展的思考开始，让他们认识到有待解决的问题。

注意力分散型

这类客户呈现的问题涉及各个方面。他们会提出很多问题，但无法专注于解决其中一个问题。其中一种方法是帮助他们确定优先级，弄清楚他们最急迫的事，或者找出那些看似无关的问题之间可能存在的联系。

抗拒型

抗拒型客户会持续回避问题，不愿意自省。你的任务是揭示他们的抗拒行为，找出他们真正抗拒或回避的东西。尽管他们认为自己已经准备好做出改变了，但事实可能并非如此。在这种情况下，你可以和他们讨论推迟教练。他们的抗拒也可能源自不愿意承认某件让人尴尬或看似不重要的事情。

执行力不足型

无论这类客户看起来对改变表现得多么兴奋，他们都无法坚持下去。这可能是因为他们制定的目标不对，或者有潜在的东西阻碍了其目标的实现。一个通常效果不错的问题是："如果这件事完成了，对你意味着什么？"这有助于确定客户潜在的恐惧可能是什么。举一个典型的例子，一位客户声称自己想开发一个网站，但迟迟没有实现。当你问："如果你的网站已经建立并运行起来了，那将意味着什么？"典型的回答是："那么人们会看到它。""那么人们会批判它。"

讨好型

这类客户认为他们需要给教练留下好印象，他们在探索挑战时并没有真正审视内心或深入挖掘，他们看上去就像在试图逐条完成任务清单。尽管对作为教练的你来说，客户如此配合会让你感到高兴，但这并不真实有效。如果他们在教练过程中表现出这种模式，那么他们很可能在其他地方也是如此，所以你的任务是找出这种行为背后的原因。

反抗型

反抗型客户在试图寻求进展时，会使用一种咄咄逼人的沟通方式。可能是因为他们从小就被教育要用这种方式沟通，或者他们生活在一个强调反抗和坚韧的环境中。你需要确定客户的此类行为对你产生了怎样的影响。如果它让你感到不愉快，那就解决这个问题，并帮助客户认识到他们的反抗行为也可能会对其他人产生负面影响。从你自己开始是有帮助的："当你用那种语气说话时，我觉得好像我做错了什么。你认为这对其他人可能意味着什么？"

"我还不知道"型

如果你的问题是关于客户之外的事情，他们可能真的不知道如何回答。然而，如果你的问题是关于他们的，他们很可能是知道答案的。如果你觉得他们在回避一个问题，就需要探索其中的原因。他们可能是因为感到羞愧或害怕在他人面前说出来。这时，一个有帮助的问题是："什么可以帮助你知道答案？"（相比之下，"如果你真的知道呢"这个问题就没有意义，因为客户几乎总是有他们的答案。）

讲故事型

这类客户可能喜欢讲故事，给出比实际需要的更多的例子和细节。你绝对不可以打断客户的开场故事。然而，在开场故事之后，当他们重复地分享信息，或者用不同的词来描述相同的事情时，你可以适当地打断他们，并指出这一点。他们可能在回避真正的问题，也可能这只是他们的风格。无论哪种原因，你都可以借此机会指出——过多的细节会使人难以保持专注，并邀请客户回应你的感知。另外，当你听到一些相关的内容或一些重复出现的重要词语时，这可能是打断客户并提出问题的好时机。

如果你选择打断客户，有一些重要的准则需要遵循。首先，叫客户的名字，因为这会立即引起他们的注意。例如，"约翰，我注意到'困难'一词经常出现。是什么让你认为这非常困难？"其次，务必提供上下文来说明你为什么要打断他们："约翰，我刚才听到你说的话里有些重要的东西，我想知道……"

守口如瓶型

当你难以从客户那里获取信息时，可能是因为他们感到不安全或在回避什么。首先，努力与客户建立更深的信任关系和安全感。其中一种方法是在教练对话中回放你所听到的内容,让客户感到被理解。如果这不起作用,提醒他们寻求教练的原因,并询问他们是否真的想做出改变并向前迈进。请记住,你是在寻求数据。如果客户不想谈论太多,这并不是你的问题。这是一个线索,说明有些东西不对劲,可能是你和客户之间的关系或客户内心有些问题。

爱用行话型

这类客户使用特定的行话让自己显得更聪明或更成功。由于使用行话说话并不自然,因此指出并发现客户使用它们的原因可能会有所帮助。

万事通型

这类客户不断地挑战、辩护,并解释为什么某事行不通。他们认为自己的方法或想法是最好的。向这类客户指出这种行为通常会排斥他人且不允许任何意见交换是有帮助的。你也可以趁机向客户分享当他们认为自己已经知道一切时给你带来了什么感受。

客户可能会拥有以上一种或多种沟通风格。意识到这些沟通风格有助于你以有效的方式与客户交流,并探讨可能会给他们带来问题的行为或风格。

思考者和感受者

一个理性的、思考型客户可能不容易理解或认识到自己的感受。对他们来说,一切都关乎事实和他们的思考。如果客户非常关注他们的感受,你可能需要引导他们去探索事实和逻辑。有趣的是,你可能会遇到差不多数量的思考者和感受者。

通过倾听客户的用词,如"我想""我感觉"等,可以帮助你在早期识别他们属于哪种类型。

- 思考者会说类似"我仔细考虑过""我以为她会改变""我想这会是……"这样的话。

- 感受者会说类似"我觉得很尴尬""他甚至没有考虑过我的感受""我担心得睡不着""我胸口能感受到"这样的话。

一旦确定了客户是偏向于思考者还是感受者，你就可以相应地提出问题。

思考者可以很好地回应那些不是围绕他们的感受展开的问题，举例如下。

- 当你听到那个时，你想到了什么？
- 如果那件事发生了，会是什么样子的？
- 在那次会议中，你认为对你来说发生了什么？
- 当你目睹那个情况时，你的内心是什么样的？

感受者最喜欢回答类似下面这样的问题。

- 当那件事发生时，你有什么样的感受？
- 在这种情况下，你会感受到什么样的情绪？
- 关于这件事，你的感受有什么变化吗？
- 你现在感受到的最强烈的情绪是什么？

如果客户是思考者，不要问这个标准化的教练问题："你身体的哪个部分有这样的感受？"我是个思考者。当有人问我这个问题时，我会感到尴尬，因为我真的不知道答案。我通常会编一些答案。你的思考型客户可能也有类似的体验。但对一个感受者来说，这可能是一个很好的问题。

> *并非每个问题都适用于所有人。*

通常情况下，对感受型客户提问会容易些，无论是针对他们的想法还是针对他们的感受的问题，他们都比较容易回答。要让思考型客户分享他们的感受，提问的难度会更大。

作为一个思考者，我学会了如何在当下识别我的感受，我还得持续练习，加以保持。刚开始，我打印了一张画有各种面部表情（类似于现在的表情包）的图表，以帮助我学习。当某件事似乎无法理解或无法达到我所期望的效果时，我会拿起图表来识别我当下的感受。如果你是偏感受型的，通过我的例子，你可以了解对思考型的人来说，回答有关感受的问题是多么困难。

第 15 章 客户的沟通风格与类型

没有完美的客户。客户向你寻求帮助，以更全面地了解自己。通过你与客户共同探索他们的风格，他们将更了解自己的模式，并决定是否对自己的风格做出任何改变。如果他们的风格阻碍了他们取得想要的结果，这样的探索和反馈尤其重要。

反思问题

- 对于具有某类特定沟通风格的客户，你经历过或预见了哪些挑战？
- 对于讲故事型的客户，可能有哪些新的应对方法？
- 当你和客户的沟通风格不同时，有哪些方法可以应对？如果你是一个思考者，什么有助于你应对一个感受型客户？如果你是一个感受者，什么有助于你应对一个思考型客户？

第 6 部分

向前迈进

第 16 章

与潜在客户的初次交谈：
一个不同的选项

人们会忘记你说过的话、做过的事，但他们永远不会忘记你让他们产生的感受。

——玛雅·安吉罗（Maya Angelou）

在探讨了整个教练对话、客户类型、沟通风格、进阶技巧和挑战之后，现在是时候考虑与潜在客户初次交谈时采用的不同方法了。

与潜在客户建立教练关系有多种不同的方法。有些教练提供一次免费的咨询，有些教练提供一次免费的教练对话，有些教练仅进行非常简短的交谈，还有些教练会针对两小时的探索对话进行收费。你可以决定哪种方式最适合你。

根据我的经验，你需要了解的许多内容都会在第一次交谈中揭示出来。这不仅为潜在客户提供了机会，也为你确定自己是否愿意与客户建立教练关系提供了的机会。

初次交谈的目的是建立融洽的关系和讨论教练安排的相关事宜，而不是解决客户的问题，因此时长不要超过 30 分钟。在初次交谈中，我认为不要进行完整的教练对话的原因主要有两个。

（1）客户可能会误认为他们的问题已经得到解决，没有继续的必要了。

（2）客户可能会认为他们的问题太大，和/或需要付出太多的努力来解决。

为了减轻你的压力，你真正需要做的只有高效地回放，让客户感觉到自己真正被倾听，并提出一些问题，以便澄清或更好地理解他们。希望在你们再次交谈时，他们会有一些事情可以思考。

协助客户准备初次交谈的几个问题

有些人在寻找教练时心中已经有了明确的目标，而有些人并不知道他们想要或需要哪种类型的教练。在和潜在客户进行初次交谈之前，向他们提出一些问题可能会有帮助。但务必告诉他们，对于这些问题，他们有回答或不回答的权利。我会向客户提出以下问题，并提及他们的答案可能有助于构建第一次交谈。有些人会忽略这些问题，有些人会给出详细的答案，还有些人则介于两者之间。

（1）你现在面临的 3 个最大的挑战是什么？或者，你想接受教练服务的主要原因是什么？

（2）如果以上所有挑战都解决了，你的生活会是什么样子的？（理想状态）

（3）如果什么都不改变，你的生活会是什么样子的？（现状）

（4）什么阻止了你自行解决这些挑战？（为什么需要教练）

设定舞台

虽然一些新手教练可能很难相信潜在客户会比他们更紧张，但这是可能的，因为客户即将向一个陌生人透露他们以前可能从未分享过的信息。由于教练双方可能都很紧张，因此要设定舞台，使双方的第一次交谈更加舒适。

你和客户可能都会对对话的开展方式、收费、融洽关系等方面有些顾虑或担忧。在教练过程中，为了让自己平静下来，我设计了下面的介绍话术。它对客户也非常有效，可以立即让他们放松下来。这些话术在建立信任和友好关系的同时，也介绍了对话的基本规则。

在开头的问候和极短的闲聊之后，我提到教练是一种伙伴关系，而不是我

第 16 章 与潜在客户的初次交谈：一个不同的选项

单方面给出建议。我告诉客户，我们将一起找到最适合他们的方法。我还让他们知道，愿意分享和探讨什么完全由他们决定。下面是我向梅丽莎做的介绍。

梅丽莎，我跟你介绍一下接下来我们如何开展交谈：我会倾听你分享的情况，以及你希望从教练中获得什么。我会问你一些问题。其中一些问题可能是为了澄清我的理解，另一些问题可能会引发你的思考。

因此，在我们的对话中，可能会有一些沉默的时刻，因为我们在电话里看不到彼此。当大家沉默时，我会等你先说话。所以，如果你正好在思考或记录一些东西，我不会打断你的思路。

由于我会问你很多问题并倾听你的想法，为了公平起见，我也会让你向我提问。所以，如果你有一些问题，或者真的特别想了解关于我的、你认为相关且有帮助的信息，请随意提问。

有时候我会做一些笔记，有时候我不会。我只是想让你知道电话这头的我在做什么。当我们的交谈快结束时，我会问你对于刚才的谈话有何想法，然后我们会花大约 10 分钟的时间讨论教练是如何起作用的、费用是多少，以及需要投入多少时间等。（宣布关于费用的讨论将在对话的最后进行，这样可以缓解客户和教练在这方面的焦虑。）

在我们开始前，如果你对这个安排有任何问题，请告诉我。（让客户回答。）

那么，请开始吧，梅丽莎，请尽可能地分享你的情况。（或者用任何一个开放式问题向对方发出邀请。）

你不用进行一场很长时间的、复杂的对话就能了解关于客户的基本信息。如果客户没有接受过教练，他们不知道会发生什么。这时候，询问他们希望如何处理或解决他们的问题似乎为时过早。客户的许多品质和特点都会在第一次交谈中展现出来，你无须询问就能得到关于他们喜好的信息。当时你可能没有意识到这些数据的相关性，但你可以将它们储存在你的"数据库"中，这些数据日后会非常有用。

留意主题

在初次交谈中,客户通常会提到他们遇到的一些问题,认为这些问题之间完全没有关联。通常,你可以在这些问题之中发现一个共同点,将其储存在你的"数据库"中。这一发现可以让你和客户分享潜在的方向或教练计划。

罗莎莉在初次交谈中分享了 3 个问题。

- 我的丈夫总是贬低我。
- 我最好的朋友总是迟到,真的很烦人。
- 我的母亲不断干涉我和我女儿的关系。

尽管这 3 个问题在罗莎莉看来完全没有关联,但教练注意到它们都与设立边界有关。通过指出这个共同的主题,教练帮助罗莎莉获得了更深入的认识。因此,他们之间建立了一种能够激发她继续接受教练服务的连接。与其询问客户这 3 个问题中哪个最重要从而将其作为讨论的起点,不如识别它们的潜在共同点。这可以立即体现你对客户问题的深刻理解,并为客户创造新的觉察。

确定自己与客户是否匹配良好

请记住,初次交谈是为了让你和潜在客户确定彼此是否匹配。我经常半开玩笑地告诉那些还没有选择特定教练领域的新手教练:"只要客户是个活人,就都接下来吧。"在职业生涯的早期阶段,这样做可以让你接触到许多类型的人,并帮助你识别你喜欢的客户类型。你需要辨别的最重要的事情之一是,你是否相信这个人可以被教练。也就是说,客户看起来是否开放,是否愿意付出努力来解决他面临的挑战。

以下是在初次交谈中需要留意的一些内容,以确定你与客户是否能够合作愉快。

- 客户是否有过创伤,需要治疗?

第 16 章　与潜在客户的初次交谈：一个不同的选项

- 客户是否过于关注过去，而不是向前迈进？
- 客户是否期望你给出建议和答案？
- 客户是否能够给出承诺并支付费用？

初次交谈也是确定你与潜在客户的相容性的机会。每位教练都有责任明确谁是自己的最佳客户。没有人能够为所有人服务。请参考以下情况。

- 如果潜在客户的话题对你不具有吸引力，那么你需要考虑是否想和这个客户合作。
- 有些客户话很多，留给教练的空间很小，而另一些客户说话非常缓慢，会将他们思考的过程都说出来。其中一种类型的客户可能会让你感到烦躁不安。
- 有些客户以结果为导向，目的性很强，这可能与你的价值观不符。
- 有些客户需要更多手把手的指导，每次只能前进一小步。这会让一些教练感到沮丧。
- 有些潜在客户面临的挑战可能与你的价值观产生冲突，如他们有婚外情。如果他们的情况让你感到不愉快，你可以放弃这样的客户。
- 你可能不想和那些不能与之建立信任和轻松关系的客户合作。
- 有些客户期待得到答案和解决方案，而不愿意自己探索和发现。他们可能不愿意付出必要的努力。
- 有些潜在客户可能会激起你的偏见和评判，所以你们最好不要合作，因为你的客观性可能会受到影响。

你不会和每位来找你的潜在客户进行教练。你有权决定只与那些你认为能和你匹配良好的人合作。

结束初次交谈

在讨论了教练安排的细节并倾听了客户对谈话的评估之后，由你来决定是否想做他们的教练。

■■■ **直击核心：通向卓越教练之路的革命性方法**

如果你觉得和潜在客户之间存在较好的匹配度，并希望支持对方前进，一定要让他们知道。向客户明确说明为什么你认为自己可以提供帮助，并提及他们让你感兴趣的方面，让他们愿意敞开心扉。如果你觉得彼此不相容，只需说类似"我认为我并不是最适合你的情况的教练，我相信有其他人更适合"这样的话。这样说不会冒犯他们，也不会让他们在任何方面感到自己有什么错。而且，如果你认识一个更适合他们的教练，务必推荐那个人。

在初次交谈中使用这种方法会让你感到轻松。你将收集到有关潜在客户的重要信息，让他们感受到被倾听，并以轻松、专业的方式处理教练安排的细节。如果你有兴趣与他们合作，你可以邀请他们与你建立教练关系。通过这种方法，从一开始你就能与客户建立合作伙伴关系，并为建立有效且深刻的教练关系奠定基础。

反思问题

- 对于你目前的初次交谈流程，哪些是你喜欢（或不喜欢）的？
- 本章对调整你目前的初次交谈流程有什么样的启发？
- 当你决定教练某人，但直觉告诉你双方并不能很好地匹配时，你的经历是什么样的？

第 17 章
直击核心的教练方法实例（完整的对话）

正如你所知道的，有许多不同的途径可以达到相同的效果。因为与你合作的每个人都有其独特性，所以没有一个所谓的正确的方式，一切都应该以自然的方式展开。

话虽如此，我还是选择展示一段完整的教练对话（30 分钟），配上我当时的思想活动，因为它展示了直击核心的教练方法的所有元素，并强调在教练过程中并不需要任何细节。客户贝琪本身也是一名教练，我们事先同意在对话结束后从她的角度进行回顾。在整个对话结束之后，你会看到她的反馈。

完整的对话

教练：贝琪，在今天的教练时间里，我们可以关注哪些对你来说真正重要的事情？

贝琪：好的，嗯，我真的很想把我的教练重心缩小在一个细分的领域，这样我就可以专注在这个领域。我觉得我真的需要一个焦点，可以推动我的教练实践，开启我的业务。我有几个可选的教练领域，但我不断地被吸引到几个非常不同的方向。我觉得我需要弄清楚走哪条路。

（由于她相当清楚地说明了她正在寻找的东西，因此对话可以开始向前发展。）

教练：关于在寻找方向上的困境，我非常能够理解。是什么让你认为这些不同的方向很棘手？

（在让她知道她的感受是合理的之后，我心想："是什么让她认为这是个问题呢？"我还捕捉到了选择障碍这一主题。如果我在两者之间做出一个决定，我将失去一些东西。意识到这一主题有助于我在了解全局的同时将这些想法放入我的"数据库"。）

贝琪：我想是因为它们太不同了。虽然不能说它们是完全相反的，但确实非常不同。它们真的是两个截然不同的东西。所以，我被两边拉扯。我觉得我需要缩小范围，搞清楚我需要关注什么。也许只是暂时的，也许只是现在，但我要试着在这方面更清晰一些。

教练：对你来说，让事情变得清晰的重要性是什么？

（通过了解清晰对她的意义来深化对话合约。）

贝琪：我认为它妨碍我前进了。这对我来说是个很大的障碍，阻碍我往前走。它还让我不能在一个方向开始做一些重要的事情，因为我摇摆不定。

教练：听起来在你心里，一旦你对一个方向或一个特定的细分领域有了清晰的认识，那么你就可以继续前进了。那么，继续前进会是什么样子的？

（我回放了自己听到的内容，并立即提出了一个问题。我想知道她的愿景是什么，同时进一步深化合约。）

贝琪：继续前进就是巩固一项业务，然后做巩固这项业务需要做的所有事情……一切以此为基础，如我要了解的东西、我要学习和理解的内容。这有点像一切都基于一个想法展开，如果是这样，那我现在就有两个不同的想法。如果我只有一个想法，那么我就会专注于这个想法，以及我需要知道的和创作的东西，如思考我的客户画像、我想教练的人、我想聊的人，一切都可以变得清晰起来。

教练：听起来你的描述中似乎存在一种非此即彼的情况。我想知

第 17 章　直击核心的教练方法实例（完整的对话）

道，如果不是非此即彼，对你来说意味着什么？

（我指出了非此即彼的主题，然后移除障碍。）

贝琪：如果我能做所有事情，那就容易多了，对吧？但我认为，这两种不同的想法和方向并不能真正结合起来。我一直想搞清楚两者的结合地带在哪里，但我认为实际上并没有。

教练：嗯，如果不能结合却强行结合的话，听起来就像样样皆通，但又样样不精……

贝琪：是的，这是我不想看到的。我想避免教练每个人，我做过那样的事情。我曾经那样做过，但我不喜欢。

所以，你知道的，我想教练那些愿意接受教练的人，所以我已经缩小了范围。例如，我提高了收费，从而剔除了那些只是想找人聊天的人。那些人离开后，就剩下了很少的客户。然而，我希望能够针对特定的群体进行交流，缩小范围。

教练：听起来，我想说的是，从两者之中选择一个，至少是将其作为一个起点……

贝琪：对的。

教练：基于这一点，你说你已经将客户缩小到只有几个人。当你看到这些缩小范围之后的人选时，与那两个看似对立的想法有什么关系？

（我需要对她所说的内容进行澄清，因为我还没有完全明白。）

贝琪：你知道吗？这是一个非常好的问题。事实上，当我把收费提高后，其中一个群体中的很多人离开了。

教练：那么，这对你来说意味着什么？"

（似乎这个简单的问题让她提升了觉察。我需要了解这是否属实，以及对她来说这意味着什么。）

贝琪：是的，实际上……当你问我这个问题时，我心里想："哦，你说的是对的。"是的，也许这群人真正需要的不只是一名教练，更是一个能牵着他们的手，成为他们的朋友的人。

教练：所以，这是"租一个朋友"和"找一名教练"的区别……

（当我还在回放我的观察时，她插了句话。）

贝琪：是的，可能是他们不愿意支付教练费用，或者是……他们没有能力支付教练费用。

教练：当你想到那些几乎已经被你筛掉的人时，你是怎么看待这件事的？我是说，你是觉得后悔呢，还是觉得这也挺好的？

（我需要清楚地了解她对那群人的感受，尤其是对舍弃他们这一想法的感受。之后的提问取决于她的回答。）

贝琪：我认为留着和筛掉这两种情况都差不多，因为我没有从他们身上获取什么报酬，或者说没有获取显著的报酬。我的意思是，如果他们付给我的钱比付给遛狗师的还少，那就糟糕了。

所以，报酬几乎没有。但是，我很同情这些人，我了解他们的处境，因为我也曾经经历过那种处境。我知道他们正在经历什么。我了解这个过程，我对他们非常同情，因为他们正在处理的问题是很困难的。

教练：对于另一个群体，除了支付得起费用，他们让你兴奋的是什么？或者说有什么原因让你不舍得放弃他们？

（我已经了解了其中一个群体的情况，现在需要收集关于另一个群体的数据并做出澄清，然后继续对话。）

贝琪：嗯，那些人确实让我感到兴奋，因为看着他们成长是令人兴奋的。他们就像小企业主一样。我的意思是，这对我来说是兴奋的。我确实有商科背景，而且我正在攻读组织行为和领导力的硕士学位。这些领域也是我非常感兴趣的。看到他们的事业腾飞确实很令人兴奋。所以，这给了我很多积极的能量。确实如此，这是令人兴奋的。

教练：我了解到的是，对于一个群体，因为你深有体会，所以你感到熟悉，而另一个群体似乎真的让你充满能量。那么，如果你不得不舍弃一个，那意味着什么呢？

第 17 章　直击核心的教练方法实例（完整的对话）

（我回放了自己听到的内容，然后发现了真相，但还没有必要让她现在就做选择。）

贝琪： 那意味着……（停顿）我想如果我舍弃，我感觉我不得不舍弃一个，因为它们太不一样了，对吧？

我的个人经历让我结识了一个群体，就是我说的当我提高收费时，他们都支付不起的那个群体。那么，如果我舍弃那群人，对我来说意味着什么？我不知道，也许，我直接的感受是解脱了，这让我有点惊讶，其实是很惊讶。我跟他们在一起的时候处于一种非常感性化的状态。身处其中会激起我的很多情绪。所以，这让我有点难过，但是想到要舍弃他们，我的直接反应确实是有点解脱。

（注意，她在边想边说的过程中产生了新的觉察。由于她一开始停顿了一下，我选择完全保持沉默，让她继续思考。）

教练： 嗯。假设你选择了经济效益更好、更能激发你的能量的那个群体。

贝琪： 嗯。

教练： 而现在，你舍弃了那个你乐于帮助的群体，他们确实需要教练，但他们承担不起合理的费用。这对你来说是什么样子的？"

（我初步描绘了画面，看看她的反应，因为她似乎已经在某种程度上做出了选择。）

贝琪： 你是说舍弃那个群体吗？

教练： 是的。

贝琪： 那么，我的感觉是，我是不是放弃了本该坚持的东西？我曾经经历过这个群体现在正在经历的东西，所以我应该支持他们度过这段经历。我不想选择这个群体，是因为经济效益低，还是因为我觉得支持这个群体并不容易呢？我是说感情上的不容易。那么，我是在做有意识的选择呢，还是在逃避？你知道的，支持这群人是很有挑战的。我的意思是，这将是一个有挑战的课题，而我在这方面确实拥有很多知识。

所以，我确实有相关的背景和知识，而且有一种"我经历过，克服过"的感觉。我不觉得有认知上的挑战。那么，这是出于感情上的回避吗？我是只选择了一条容易走的路吗？

我没有充分发挥我应该发挥的潜力。为什么呢？为什么我会有现在这种想法呢？我是否需要迈入那个领域，因为在那个领域我肯定会产生积极的影响，对人们真正有帮助？但这是一条更艰难的路。

教练：你在问自己："我是不是在逃避？"你怎么看？

（我把她的问题抛回给她，而不是越过这一点继续对话。）

贝琪：我想，我不知道。我确实考虑过这个问题。老实说，我真的不知道。我觉得也许是的。是的，我在逃避，我在走一条简单的路，而且我确实喜欢我的硕士项目，对吧？就照着我现在做的做下去，做我应该做的事情。而且，在某种程度上，我也和那些小企业主一样在创建我自己的业务，所以他们的问题也是我的问题。所以说，如果去支持（前一个群体的话），是困难的。我想，从某种程度上说，我是在逃避，因为我不想每天去支持那个群体。我不想每天都围绕着那个（我经历过的）话题谈论。这是蛮痛苦的。我想我大概有点逃避。

教练：有趣的是，你用了"痛苦"一词。所以看起来其中有挣扎，有痛苦。我在想，这是否更多的是关于做出一个明智的选择，而不是逃避？你怎么看？（很长时间的沉默）

（我注意到了她的情绪，分享了我的想法，并向她提问。这个回放和提问让贝琪发现了她的犹豫背后的真正原因。）

贝琪：不好意思，我还在想。我认为从逻辑上看，应该选择更有结构且少点沉重情绪的这个教练方向。所以，我想这更符合逻辑。另一个方向的确是痛苦的，我的意思是，我可以看到它是痛苦的，但它会更有意义吗？也许。

从长远来看，它会更有意义吗？也许是的。（沉默）所以，这个

第17章 直击核心的教练方法实例（完整的对话）

问题我已经考虑很久了。我只是，我不喜欢，我不知道，我猜……（沉默）是的，我感觉这就像一个跷跷板。我是说，我会在所有的利与弊之间考虑一段时间，然后做决定，但又会反悔，就这样来回摇摆。那么，为什么会这样？我为什么要这样做？（沉默）

当我说"我为什么要这样做"时，我脑海中冒出的第一个想法是：如果你不做出选择，那么你就不需要往前走了。

（注意，我给她留了很多沉默的时间，这样她可以继续边说边思考。正是这样才让她有了顿悟，认识到问题的关键所在。）

教练：是啊，以一种虚假的方式让自己感觉更安全，你觉得呢？

（她刚刚产生了一个重要的觉察，所以没有必要问复杂的问题，也不要急于继续前进。给她机会让她继续思考，她后面也确实这么做了。）

贝琪：是的。嗯，这正是我脑海中冒出来的想法，那也符合我的想法。如果我不做选择，那么我就不需要做后面的步骤了。我还会一直停滞不前，就像我一直想要的那样，这种逃避反而比在那两个方向之间做选择来得更严重。

（她产生了更加深刻的觉察。）

教练：听起来挺真实的。对你来说，什么能帮助你做出这个决定呢？

（现在是时候推进对话了。我还不完全确定她会选择什么。）

贝琪：嗯。我不觉得其中哪个方向是错误的。我确实认为选择哪个都……这不是文身，难以回头。所以，这不是一个永久性的选择。

教练：对的。

贝琪：这不是说我需要更灵活一点，而是说我需要先专注于一个方向。我认为，至少现在选择一个，先做起来再说。我想，我刚才想到的那点，我头脑中的这种来来回回很有可能是一种自我防御机制。

教练：是的。

贝琪：所以，我没有迈出那一步。所以，（停顿）所以仅意识到这就是我脑海中正在发生的事情，对我来说已经是巨大的发现了。（沉默）

那么，我需要什么来帮助我向前迈进并做出选择呢？我想我需要聚焦一个方向。我甚至不需要非得二选一。我现在可以先重点关注其中一个方向。

而且，我相信有些事情会自然发生。那些想让我在其他方面提供帮助的人会自然而然地找到我。是这样的。我甚至无法解释这是怎么发生的。这大概就是吸引力法则吧。

（她自然而然地建立了自己的行动和计划。）

教练：嗯。是的。

贝琪：而且，这不会妨碍我帮助他们。

教练：没错。我从这里面得出的观察是，相比先关注一个方向，同时不排除另一个，这种停滞不前的状况实际上更糟糕。那么，我们的对话进行到这里，考虑到一开始不知道选哪个方向，你觉得现在我们的对话进行到哪里了？

（我解读了她分享的内容，然后通过回顾来了解她眼中的进展，以及她可能还需要什么。我需要确切地知道她是否准备结束今天的对话了。）

贝琪：嗯，我想我不必二选一。嗯，我的意思是，我必须专注于一个方向，但我不必做选择。我必须专注于一个方向，集中精力在那个能够产生较好的经济效益的方向，同时对另一个方向的群体保持开放和愿意帮助的态度。但要先有一个焦点，我需要前进，开展业务，让事情变得有条理，我觉得这非常符合逻辑。

我不需要彻底排除另一个方向，我是说那个我乐于帮助的群体，对吧？这种激情需要大量的情感能量……有很多情绪在里面。这里面有很多也许是我现在并不一定想要的东西。

教练：我们的对话进行到这里，你从这一切中对自己有了什么了解？

（继续深化和拓展她的自我觉察。）

贝琪：我了解到，我认为明显是障碍的东西可能只是一个限制我

第17章　直击核心的教练方法实例（完整的对话）

的机制，让我陷入相同的模式，如做出选择。但选择实际上并不是问题，问题是选择向前进。是啊，这让我很惊讶，是的。

教练：我很好奇，在你生活中的其他方面，这种跷跷板模式是否也在阻碍你实现某些目标？

（注意我使用了她的词汇。我提出这个附加问题是因为这个时候提出来似乎是符合逻辑的。）

贝琪：（沉默）嗯……我不确定。在我生活中的其他方面？

教练：嗯。

贝琪：我想到的可能是在学习方面。我是一名新手教练，所以我觉得我需要尽可能多地学习。学习是一个非常有趣的过程，但这也让我实际做教练工作的时间被压缩了。所以，这可能也体现了同一个模式，我利用我的学习、探索和研究来避免投入时间和精力去开展业务。

教练：意识到这一点后，你有什么想法和感受浮现上来？

（再次加深她的觉察，并给她时间反思她刚刚说的话。）

贝琪：我想，我以前可能并没有意识到这一点。但我猜这严重地阻碍了我前进。但我确实觉得我真的想熟练掌握教练技能，我真的希望能在我所做的事情上取得成效……而且通过学习还能让我建立信心……

所以，我学习是为了让自己有信心。我认为这是有两面性的，但真正阻碍我的是我在方向上的选择，因为我确实经常被各种方向拉扯。我并不认为它们是互斥的。所以，我确实认为这是……你觉得有没有什么身体信号暗示着我不要在其中一个方向前进？

教练：你觉得呢？

（再次把她的问题抛回给她。）

贝琪：没有什么。我不觉得有。

教练：既然你已经有了这些新的觉察，那么你身边有谁或什么样的资源可以在你现在确定的一个起点上帮助你？

（现在是时候询问关于她前进道路上的支持和资源了。）

贝琪：实际上，我确实有。我有另外一名教练，他可以帮助我更具体地定位我的细分领域。我确实有一些人和一个工作小组在和我一起深入研究，因为我知道这是一个问题，它一直是一个问题。

所以，我加入了一个团体。在那个团体里，大家都在积极探索细分领域。那个团体会起到很大的作用。另外，今天我厘清了自己的思绪，这就已经起到很大的作用了。现在我已经清楚了，我要……我可以跑步前进了。

教练：听起来很有说服力。在这次对话中，从一开始的犹豫不决到现在的清晰明了，你已经取得了很大的进展。我听到了很多思考过程和你发现的有价值的见解。在今天的对话中，你还需要什么？还是说我们可以结束了？

（重要的是让她知道她听起来坚定了很多而不是一开始的那种犹豫不决。然后我肯定了她的进展，并与她确认是否可以结束对话。我感觉可以结束了，但我不能独自做出这个决定。）

贝琪：我得到了我需要的东西，就是这个。可以了。

教练：你觉得可以结束了是吗？

贝琪：是的。

教练：好的，那我们就停在这里吧。

（注意，我从来不需要知道她所说的那些细分领域是什么。贝琪知道它们是什么——如果我询问它们是什么，这个问题只能满足我的好奇心。）

贝琪的回顾和反馈

教练：让我们花一点时间聊一聊，从你的角度来看，在刚才的教练对话中，有哪些是特别有帮助的，或者你注意到了什么？我知道你全身心沉浸在其中，所以你可能很难从另一个角度进行评价。但也许

第 17 章 直击核心的教练方法实例（完整的对话）

你可以谈谈你的看法。

贝琪：一开始我就注意到，你没有让我谈论那两个方向具体是什么，这（让客户展开谈论具体的方向）是我在与客户沟通时通常会犯的错误。你根本不知道那两个选项是什么。这非常有效，尤其是对我来说，因为我通常认为有一种特定的方式来处理事情。因为我没有机会去展开细节讨论，所以对话变得相当高效。我的第一个想法是："呀，她永远不会问我那两个方向是什么了。"你确实没有问。

我还注意到了什么？我注意到你允许我来回摇摆，因为我确实做了很多摇摆。你允许这种情况发生了几次，直到我找到了一个答案。

但我想，我不记得你问的那个确切的问题了，那个问题让我想到："哦，也许这个问题背后有更深层次的东西。"那是一个非常有效的问题。

"有趣的是，你用了'痛苦'一词。所以看起来其中有挣扎，有痛苦。我在想，这是否更多的是关于做出一个明智的选择，而不是逃避？你怎么看？"这个问题让我找到了阻碍我做决定的原因。

我还注意到你在很多时候都保持沉默。我真的很难理解这一点，我会想："到底是怎么回事？"这种沉默很有力量，因为它能让我真正深入地挖掘事情的真相。这就是为什么我要来找你做教练。如果我希望你给我答案的话，那就简单多了。

反思问题

- 在这场教练对话及本书介绍的所有内容中，哪些有助于精进你的教练技术？

后 记

现在你已经阅读到了本书的结尾部分，我希望通过阅读本书，你对于如何帮助客户改变生活感到更加有力量、睿智和自信了。我也希望你的大脑中充满了关于如何应用你在本书中发现的新技能的想法。

掌握本书中的概念和工具的最佳方法是使用它们。给自己一些时间来使自己精通这些概念和工具。你读到的大部分内容可能是全新的，也可能是一种回顾，或者与你当前的教练方法有着极大的差异。如果你之前就对本书中介绍的方法有所熟悉，也许还有一些额外的想法可以尝试和实验。

与学习任何新的方法一样，一次性尝试所有内容可能会令人生畏。我的建议是首先选择那些对你来说比较容易尝试的原则和概念。如果你是一名有经验的教练，选择可能会对你的教练产生重大影响的想法。由于每个人的风格都不同，因此要选择最适合你的方法。同时要记住，提升倾听和沟通技能是所有卓越的教练的基础。

最重要的是，要记住常规的教练方法与直击核心的教练方法之间的区别。我邀请你深入了解你的客户，帮助他们探索他们的信念、习惯和认知，以便让他们能够选择新的观念来丰富生活的各个方面。现在你已经有了一些新的见解和想法，你将能够有效地提供蜕变式教练服务，让客户在每次对话后都能看到进步，而不只是提供解决他们当前问题的行动或临时策略。

当你运用深入的、蜕变式的教练方法时，你的教练水平将更加卓越。这个过程很简单，但并不容易。你需要时间、实践和承诺，持续地以更深刻的方式进行教练。你的客户会感谢这种深层次的变化，并最终在完成教练项目之后学会这些工具和原则。你将帮助客户永久地、更好地改变他们的生活。我想不到有什么比这个更有力量、更有吸引力的了。

关于作者

作为一名 ICF 认证的大师级教练，玛莉安·富兰克林因其直击核心的教练方法和直接的沟通方式而受到追捧。玛莉安的工作包括开发和教授她独特的课程项目——直击核心的教练方法·强化课程，强调精湛的教练技巧。她还即将出版 *What Would A Wise Person Do? Simple Ways to Cultivate a Fresh Mindset and Find Inner Peace* 一书，并带领"自信的教练"指导小组。

迄今为止，玛莉安教授和指导的所有教练通过应用本书中的方法和原则，都获得了助理教练（ACC）、专业教练（PCC）或大师级教练（MCC）的认证。她在一个高管教练培养项目中担任教练督导和考官，曾因其教练专长而受到电视台的采访，为各种企业的高管提供教练服务，在众多教练大会和活动上发表过演讲，这些演讲曾被美国《新闻日报》和《华尔街日报》引用。

玛莉安拥有商学和教育学双硕士学位。在成为教练之前，她曾与他人共同创办了一家医疗保健出版公司，并担任过高中商业教育老师。除了教练培训和指导，她认为保持个人教练客户至关重要。看着客户们朝着可持续的愿景迈进并最终实现愿景，玛莉安感到满足和欣慰。玛莉安现居住于美国纽约市塔里敦小镇。在空闲时间，她喜欢参加绘画课程和打桥牌。

玛莉安提供的服务包括以下几项。
- 教练培训：直击核心的教练方法·强化课程。
- 教练团体指导。
- 教练督导。

邮箱：marion@lifecoachinggroup.com

致　　谢

有许多关心和支持我的人为本书的诞生做出了贡献。他们丰富了我的知识，对我的教练和指导技术的提升，以及我的个人成长起到了积极的作用。没有你们，就不会有这本书。正如人们在奥斯卡颁奖典礼上常说的：如果我遗漏了任何人，我真诚地道歉。

首先要感谢的是托尼·A.科克兰德。托尼不仅把我带入了教练行业，还培训和指导了我。他的教练服务和影响力让我的生活发生了巨大的变化，并使我的教练才能得到质的飞跃。他的才华永远伴随着我。

如果没有已故的托马斯·伦纳德，我不可能实现今天的成就。托马斯是有史以来最伟大、最具启发性的教练之一。他教给我的教练细节和技能直到今天都影响着我的教练和培训工作。他的及时回应和慷慨分享使我终身受益。

安德里亚·J.李是第一个对我的教练工作有足够的信心，让我去分享和教授知识的人。时至今日，我仍然很感激安德里亚对我的教练教学能力的信任，这使我能够继续进行今天的教学和培训。

谢丽尔·理查森的第一本书出版时，我有幸与她相识。当我刚开始成为教练时，谢丽尔的书成为我开展工作坊的资源。她一直是直击核心的教练方法的榜样，并激励我深入了解边界的概念。

在过去的20多年里，我的每位学生和被指导者都通过将他们的教练技能付诸实践而为世界各地成千上万名客户带来了积极的影响。感谢他们为我的使命做出的贡献。感谢他们坚定的信任、拥护和支持。

感谢所有我有幸服务过和学习过的教练客户。因为有了他们，我每天都在不断地夯实我的技能，更加了解生活的真谛。

尼基·布朗给予我的奉献、支持、信任和爱是不可估量的。她不仅每天帮助我处理行政事务，还在任何需要的时候和我一起进行头脑风暴。多年来，她

致 谢

持续参与我带领的团体教练指导小组。看到她的教练水平远超于预期，我欢欣鼓舞。

我认识琳恩·克里佩尔已经 20 多年了，当我下定决心写本书的时候，她是我首先想到的人。她的热情和持续的支持让我一直保持动力。

如果没有大卫·富兰克林的指导、毅力，以及丰富的教练知识，本书就不会成为现在的样子。他对精湛的教练技术的持之以恒和承诺对本书产生了很大的影响。他的个人成长经历同样影响着我的成长和我的教练工作。

凯伦·莱一直以她的洞见、坦诚和个人成长的示范为我带来持续的灵感。她的影响促使我更深入地了解人类行为。

衷心感谢本书的早期读者们。我要感谢以下人员对本书做出的贡献。感谢蒂恩·维克斯的编辑才能、对我坚定的鼓励和支持；感谢海迪·康纳尔的忠诚支持、信任和宽容；感谢梅基·米格里诺持续的安慰和贡献；感谢梅根·库恩的可靠和支持；感谢谢尔利·格里斯的支持和信任。正是因为他们的想法、评论和赞美，本书才得以面世。

我想向内森·克雷格表达我的感激和赞赏。他始终坚定地执行并满足我的每个请求。他的技术专长、教练技术和想法都极具价值。

感谢妮娜·考夫曼相信我为教练行业所提供的价值，并鼓励我写本书。还要感谢她为本书的诞生所做的所有前期工作。

感谢约翰·保罗·比尔斯，他是我的创作灵感。没有他，这些文字永远不会落到纸上。

感谢克斯顿·艾伦，她曾是我多年的助教。她的坚定及富有创意的思考和贡献使我的教学更加有趣，课堂充满活力。

非常感谢杰出的教练同事们，他们为我提供了无与伦比的团体教练，他们是：艾米·阿姆斯特朗、安吉拉·德苏萨、艾伦·富尔顿和利比·格雷夫。

我很荣幸能拥有这么出色的朋友和支持者。凯伦·P.，你对我不懈的信任和鼓励超越了一切。卡萝尔，感谢你的同理心、善解人意和倾听。凯希，感谢你提高了我们的对话质量，以及我们特别的友谊。朱迪，你是我始终可以信赖的人。你始终保持冷静，乐于助人。瓦莱莉，感谢你真正接纳我，在我需要的时候帮助我看到希望。简，感谢你希望我成功，并组织了许多有趣的事情和我一起做。杰姬·P.，感谢你对我和我的工作永无止境的信任。苏珊·L.，感谢你的文字功底。玛丽，感谢你的倾听和理解。还有我姐姐薇薇安，感谢你在人生的起起落落中始终陪伴着我。

反侵权盗版声明

电子工业出版社依法对本作品享有专有出版权。任何未经权利人书面许可，复制、销售或通过信息网络传播本作品的行为；歪曲、篡改、剽窃本作品的行为，均违反《中华人民共和国著作权法》，其行为人应承担相应的民事责任和行政责任，构成犯罪的，将被依法追究刑事责任。

为了维护市场秩序，保护权利人的合法权益，我社将依法查处和打击侵权盗版的单位和个人。欢迎社会各界人士积极举报侵权盗版行为，本社将奖励举报有功人员，并保证举报人的信息不被泄露。

举报电话：（010）88254396；（010）88258888
传　　真：（010）88254397
E-mail：　dbqq@phei.com.cn
通信地址：北京市万寿路173信箱
　　　　　电子工业出版社总编办公室
邮　　编：100036